सूरदास

लेखक की अन्य पुस्तकें

तुलसी

कबीर

रहीम

मीरा

कालजयी कवितामाला - ४

मनहरन रसिकबर

सूरदास

परिचय, संग्रह, सम्पादन

प्राणनाथ पंकज

RUPA

प्रकाशित
रूपा पब्लिकेशंस इंडिया प्राइवेट लिमिटेड 2001
7/16, अंसारी रोड़, दरियागंज
नई दिल्ली 110002

सेल्स सेन्टरः
इलाहाबाद बैंगलुरू चेन्नई
हैदराबाद जयपुर काठमाण्डू
कोलकाता मुम्बई

ISBN: 978-81-716-7537-1

द्वितीय संस्करण 2022

10 9 8 7 6 5 4 3 2

मुद्रकः यश प्रिंटोंग्राफिक्स, नौएडा

माया मौसी को

पूरा जीवन वृन्दावन की गलियों में सूर के पदों को
गाते-गुनगुनाते हुए अन्ततः वहीं से उन्होंने दिव्य
गोलोक की यात्रा की थी

अनुक्रम

	पृष्ठ संख्या
१. प्राक्कथन	१
२. मन वृंदावन	३
२. परिचय	९
३. संग्रह	१९
(१) विनय, दैन्य, उद्बोधन	२०
१. चरन कमल बंदौं हरिराई	२०
२. अबिगत गति कछु कहत न आवै	२०
३. हमारे प्रभु औगुन चित न धरौ	२१
४. जनम जनम जब जब जिहिं जिहिं जुग	२१
५. है हरि भजन को परमान	२२
६. प्रभु को देखौ एक सुभाइ	२२
७. मेरो मन अनत कहाँ सुख पावै	२३
८. ऐसी कब करिहौ गोपाल	२३
९. अपुनपौ आपुनहीं बिसर्‌यो	२४
१०. तजौ मन हरि बिमुखनि को संग	२४
११. मो सम कौन कुटिल खल कामी	२५
१२. जो प्रभु मेरे दोष बिचारैं	२५

१३.	अब मैं नाच्यो बहुत गुपाल	२६
१४.	बौरे मन रहन अटल करि जान्यो	२६
१५.	पढ़ौ भाइ राम मुकुंद मुरारि	२७
१६.	(श्री) नाथ सारंगधर कृपा करि दीन पर	२८
१७.	बिनती सुनौ दीन की चित दै	२९
१८.	अब मैं जानी देह बुढ़ानी	२९
१९.	मो सौ पतित न और हरे	३०
२०.	भजि मन नंदनंदन चरन	३०

(२) श्रीकृष्ण लीला

१.	देवकी मन मन चकित भई	३२
२.	गोकुल प्रगट भए हरि आइ	३२
३.	आजु नंद के द्वारैं भीर	३३
४.	जसोदा हरि पालनैं झुलावै	३३
५.	रूप मोहिनी धरि ब्रज आई	३४
६.	नान्हरिया गोपाल लाल तू	३४
७.	अति बिपरीत तृनावर्त आयो	३५
८.	सोभित कर नवनीत लिए	३५
९.	खीझत जात माखन खात	३६
१०.	सिखवति चलन जसोदा मैया	३६
११.	कहन लागे मोहन मैया मैया	३६
१२.	कजरी को पय पियहु लाल	३७
१३.	मैया कबहिं बढ़ैगी चोटी	३७
१४.	हरि अपनैं आंगन कछु गावत	३८

१५.	मैया री मैं चंद लहौंगो	३८
१६.	जसुमति लै पलिका पौढ़ावति	३९
१७.	मैया मोहि दाऊ बहुत खिझायो	३९
१८.	खेलन चलौ बाल गोबिन्द	४०
१९.	जेंवत स्याम नंद की कनियां	४०
२०.	खेलत स्याम पौरि के बाहर	४१
२१.	गए स्याम तिहिं ग्वालन के घर	४१
२२.	चली ब्रज घर घरनि यह बात	४२
२३.	जो तुम सुनहु जसोदा गोरी	४३
२४.	अनत सुत गोरस कौ कत जात	४३
२५.	मैया मैं नहिं माखन खायो	४४
२६.	जसुमति रिस करि करि रजु करषै	४४
२७.	कब के बाँधे ऊखल दाम	४५
२८.	यह सुनि कै हलधर तहँ आए	४५
२९.	धनि गोबिंद जो गोकुल आए	४६
३०.	मोहन हौं तुम ऊपर वारी	४६
३१.	तनक कनक की दोहनी	४७
३२.	आजु मैं गाइ चरावन जैहौं	४७
३३.	आजु हरि धेनु चराए आवत	४८
३४.	चरावत वृंदावन हरि धेनु	४८
३५.	हरि को टेरत फिरत गुवारि	४८

३६. सुंदर स्याम सुँदर बरलीला ४९
३७. माधौ मोहिं करौ बृंदावन रेनु ४९
३८. धनि यह बृंदावन की रेनु ५०

(३) श्यामा श्याम मिलन

१. खेलत हरि निकसे ब्रजखोरी ५१
२. बूझत स्याम कौन तू गोरी ५१
३. सैननि नागरी समुझाइ ५२
४. नंदबबा की बात सुनौ हरि ५२
५. जननी कहति कहा भयौ प्यारी ५३
६. कुँवरि सों कहति बृषभानु धरनी ५३
७. खेलन के मिस कुँवरि राधिका ५४
८. देखि महरि मनहीं जु सिहानी ५४
९. खेलौ जाइ स्याम संग राधा ५५
१०. बूझति जननि कहाँ हुति प्यारी ५५
११. उठीं प्रातहीं राधिका ५६
१२. प्रगटी प्रीति न रही छिपाई ५६
१३. दूध दोहनी लै री मैया ५७
१४. सैन दै प्यारी लइ बुलाइ ५७
१५. मोहन कर तें दोहनि लीन्ही ५८
१६. चलनि चहति पग चलैं न घर को ५८
१७. मोहि लई नैननि की सैन ५९

१८. नंद सुवन गारुड़ी बुलावहु ५९
१९. बेगि चलौ प्रिय कुँवर कन्हाई ६०
२०. नीकें बिषहिं उतार्‌यो स्याम ६०

(४) रासेश्वरी-रसराज

१. सुनहु हरि मुरली मधुर बजाई ६१
२. आजु बन बेनु बजावत स्याम ६१
३. घर घर तें निकसीं ब्रज बाला ६२
४. देखि स्याम मन हरष बढ़ायो ६२
५. यह जुवतिनि को धरम न होइ ६२
६. कैंसे हम कों ब्रजहिं पठावत ६३
७. रास मंडल बनें स्याम स्यामा ६३
८. नृत्यत हैं दोउ स्यामा स्याम ६४
९. मुरली सुनत अचल चले ६४
१०. गरब भयो ब्रजनारि को ६५
११. तब नागरि जिय गरब बढ़ायो ६५
१२. तब हरि भये अंतरधान ६६
१३. राधे भूलि रहि अनुराग ६६
१४. मोहन अद्भुत रच्यो रास ६७
१५. दुलहिनि दूलह स्यामा स्याम ६७
१६. जलक्रीड़ा सुख अति उपजायो ६८
१७. ठाढ़े स्याम जमुना तीर ६८
१८. ब्रज जुबती रस रास पगीं ६९
१९. मैं कैसे रस रासहिं गाऊँ ६९
२०. रास रस लीला गाइ सुनाऊँ ७०

(५) विरही व्रज

१.	दोउ ढोटा गोकुल नायक मेरे	७१
२.	जद्यपि मन समुझावत लोग	७१
३.	मेरे कान्ह कमल दल लोचन	७२
४.	अब वै बातैं उलटि गईं	७२
५.	कहा दिन ऐसे ही चलि जैहैं	७३
६.	निसि दिन बरषत नैन हमारे	७३
७.	जब ते बिछुरे कुंज बिहारी	७४
८.	ब्रज पर सजि पावस दल आयो	७४
९.	घटा मधुबन पर बरषै जाइ	७५
१०.	सरद समै हू स्याम न आए	७५

(६) उद्धव व्रज में

१.	ऊधौ बेगिहीं ब्रज जाहु	७६
२.	जसुमति करति मोकों हेत	७६
३.	कही हरि ऊधौ सों ब्रज प्रीति	७७
४.	आजु कोउ स्याम की अनुहारि	७७
५.	आए नंद नँदन के भेव	७८
६.	सुनौ गोपी हरि को संदेस	७८
७.	ऊधौ बेगि मधुबन जाहु	७९
८.	अँखियाँ हरि दरसन की प्यासी	७९
९.	नैननि नंद नंदन ध्यान	८०
१०.	ज्ञान बिना कहुँवै सुख नाहीं	८१
११.	ऊधौ कही सु फेरि न कहिऐ	८१

१२. निरगुन कौन देस को बासी ८२
१३. ऊधौ मन न भए दस बीस ८२
१४. मधुकर स्याम हमारे चोर ८३
१५. सखी री स्याम सबै इक सार ८३
१६. तौ हम मानैं बात तुम्हारी ८४
१७. हम तौ दुहूँ भाँति फल पायो ८४
१८. ऊधौ हमरी सौं तुम जाहु ८५
१९. ऊधौ मौन साधि रहे ८५
२०. बिनु गुपाल बैरिनि भई कुंजैं ८६
२१. ऊधौ इतनी कहियौ जाइ ८६
२२. ऊधौ पा लागति हौं कहियौ ८७
२३. कहियौ जसुमति की आसीस ८७
२४. सुनिऐ ब्रज की दसा गुसाईं ८८
२५. ऊधौ मोहिं ब्रज बिसरत नाहिं ८८

(७) श्री राम चरित

१. करतल सोभित बान धनुहियाँ ८९
२. कर कंपै कंकन नहिं छूटै ८९
३. नौका हौं नाहीं लै आऊँ ९०
४. सखी री कौन तुम्हारे जात ९१
५. तुमहि बिमुख रघुनाथ ९१
६. सबरी आस्रम रघुबर आए ९२
७. मैं तौ राम चरन चित दीन्हौ ९२
८. आजु रघुबीर कौ दूत आयो ९३

९. मेरी कैंती बिनती करनी ९३
१०. हौं प्रभु जू को आयसु पाऊँ ९४
११. सिंधु तट उतरे राम उदार ९४
१२. बैठी जननी करति सगुनौती ९५
१३. हमारी जन्मभूमि यह गाउँ ९६
१४. अति सुख कौसिल्या उठि धाई ९६
१५. बिनती किहि बिधि प्रभुहिं सुनाऊँ ९७

(८) गुरु कृपा

१. अपुनपौ आपुन ही में पायो ९८
२. गुरु बिनु ऐसी कौन करै ९८

(९) आरती

हरि जू की आरती बनी ९९

प्राक्कथन

कालजयी काव्यमाला की यह चौथी कड़ी है। अपने युग के सभी अवरोधों, बंधनों और कुण्ठाओं के बीच में से अपने मार्ग को प्रशस्त करती वात्सल्य-माधुर्य-विरह की जो सूर त्रिवेणी उस समय पूरे वेग के साथ प्रवाहित हो चली थी, आज भी सतत बह रही है और नटखट नंदनंदन के क्रीड़ा-कौतुक की रागरसमयी अनुभूतियाँ जिन्होंने महाकवि सूरदास के अन्तस् को आप्लावित करके कविता को उनकी सहज सहचरी बना दिया था, आज भी भारतीय लोकमानस में अठखेलियाँ कर रही हैं। उसी दिव्य और विलक्षण रागरस में डूबी, संगीत के शास्त्रीय सुरों में ढली सूर की कविता को इस कड़ी में आपके लिए प्रस्तुत करने में हम हार्दिक प्रसन्नता का अनुभव करते हैं।

इस संग्रह में हम ने महाकवि के विशाल काव्य सागर में लहराती हुई कई सहस्र, प्रकट और प्रच्छन्न लहर-लहरियों में से मात्र एक सौ इक्यावन रचनाएँ चुनी हैं। इनमें कुछ विनय, दैन्य तथा आत्मप्रबोध के पद हैं; कुछ श्री कृष्ण की बाल लीला, श्रीराधा-कृष्ण मिलन, रास, व्रज मंडल में व्याप्त विरह तथा उद्धव के साथ गोपियों के संवाद के। श्री रामचरितावली के भी कुछ पद हैं। अंत में दो पदों में गुरु वंदना के पश्चात् आरती के साथ संग्रह को समाप्त किया गया है। पदों के नीचे उनमें प्रयुक्त कठिन शब्दों और पौराणिक संदर्भों के अर्थ एवं व्याख्या दे दी गई हैं। पदों की संख्या विषयानुक्रम तथा सामान्य क्रम दोनों प्रकार से दी गई है। चूँकि सूर सागर के विभिन्न पाठों और संस्करणों में क्रमांक अलग अलग होने के साथ साथ कुल पदों की संख्या भी अलग अलग है, अतः हमने अपने इस संग्रह में ली गई रचनाओं के तारतम्य के अनुरूप ही क्रमांक दिए हैं।

कहा जाता है कि सूरदास ने एक लाख़ पदों की रचना की थी। इनमें से अब दस पंद्रह हज़ार ही उपलब्ध हैं। इस विशाल भंडार में से इतनी थोड़ी रचनाओं का चुनाव निस्संदेह आसान नहीं था। पर हमारे लिए यह परिश्रम आनंद का उत्सव था, और उत्सव का एक स्वभाव तो यह होता ही है कि वह उसमें शामिल होने वालों को अपने में ऐसे निमग्न कर ले कि वे कभी, कहीं, कोई छोटी मोटी भूलें कर बैठें, सही-गलत की पहचान से बेख़बर हो कर रस में डूबे उत्सव मनाते रहें। रचनाओं के चुनाव में व्यक्तिगत पसंद के अतिरिक्त, संभव है, ऐसी असावधानियाँ भी कहीं हुई हों। इसके लिए क्षमा याचना न करके हम आपको भी आमंत्रित करते हैं आनन्द के इस उत्सव में शामिल हो जाने के लिए--लोक और वेद, दोनों मर्यादाओं से निश्चिंत रहकर बहने वाली सूर-सरिता के तट पर सदा मनाए जाने वाले उत्सव में।

इस आनन्दोत्सव में भाग लेने वाले हम सभी को महाकवि हमें अपनी आशिष भी दें और बधाई भी, यही हमारी प्रार्थना है।

--संपादक

मन वृंदावन

पिछले कई दिनों से स्वप्नाविष्ट, स्वराविष्ट, भावाविष्ट सा है वह। बाह्य जगत् के साथ, लगता है, उसका संबंध ऊपर ऊपर का रह गया है। शारीरिक क्रियाएँ भी जैसे यंत्रचालित सी हो गई हैं। आँखें, ध्यान से देखें तो, ऐसा आभास होता है, भीतर ही देख रही हैं: संसार के साथ सम्पर्क, यदि टूटा नहीं तो रह भी नहीं गया—ऐसा ही लगेगा आपको भी, यदि आप उसके पास कुछ देर बैठेंगे, बात करना चाहेंगे।

मैं तो लगभग सारा समय उसके आस पास ही रहता हूँ। वह प्रायः कुछ कह उठता, कुछ गुन गुन सा गुंजन करता, कुछ मधुर मधुर गाता है। किसी को कुछ सुनाने का उसमें भाव हो, ऐसा नहीं है। वह तो पूर्णतया अपने भीतर, अपने ही साथ रहने लगा है। उसका स्वर भी भीतर से उठता है, पूरे वातावरण में संगीत भर देता और भीतर ही लौट जाता है।

मुझे कैसा लगता है? तुलसी ने रामचरितमानस का आरंभ करते हुए वर्णों, अर्थसमूहों, रसों और छन्दों के साथ मंगलों के सृजन की जो बात की थी, मुझे लगता है कि उसके बोलते ही वही सृष्टि मुझे अपने केन्द्र में स्थापित कर लेती है। मुझे लगता है दूर से कहीं वंशी का स्वर उठता है, मुझ तक पहुँचते पहुँचते शब्दों का रूप ले लेता है, फिर न जाने कब मेरा अन्तरतम उन शब्दों का अर्थ खोजता खोजता शब्दों में ही डूब जाता है: शब्द जो शब्द नहीं रह जाते, पिघल कर रस का प्रवाह बन जाते हैं। मुझे लगता है शरच्चंद्रिका छिटक आई है, यमुना के श्याम वर्ण को अपने हेमाम्बर में लपेटने का प्रयास कर रही है। कालिन्दी के सैकत तट पर एक महोत्सव का

आयोजन हो गया है....और मुझे लगंता है....नहीं, अब कुछ लगता नहीं है, अब मैं तो यहाँ कहीं दिखाई ही नहीं दे रहा....बस उत्सव ही है, रस है, शब्दों को तिरोहित करता हुआ, मंगलों की सृष्टि करता हुआ रस....

फिर रस ही से शब्द उभरते हैं। वह फिर गा रहा है, उसके गान में फिर वंशी की ध्वनि उभरती है, छंदों में ढला हुआ रस है कि रस में ढले हुए छंद.....

शरद की रसमयी रात्रि को देख कर श्यामसुंदर अत्यंत प्रसन्न हैं। वृंदावन में रमण करते हुए कृष्ण देखते हैं खिले हुए सुंदर पुष्पों को, और उनके हृदय में रासक्रीड़ा की रुचि जन्म लेती है.....

"परम उज्ज्वल रैनि छिटकि रहि भूमि पर सद्य फल तरुनि परि लटकि लागे
तैसोइ परम रमनीक जमुना पुलिन त्रिबिध बह पवन आनंद जागे
राधिकारमन बन भवन सुख देखि कै अधर धरि बेनु सुललित बजाई
नाम लै लै सकल गोपकन्यानि के सबनि कै स्रवन वह धुनि सुनाई"..

बोलते बोलते चुप हो जाता है वह। मैं लौट आता हूँ। उसके मुख मंडल को देखने लगता हूँ। वहाँ एक अद्भुत प्रकाश है। शायद शरत्पूर्णिमा ने वृंदावन से ही एक शीतरश्मि उठाकर उस के आनन पर उँड़ेल दी है। पर ऐसा बहुत देर तक नहीं रहता। फिर से उसे देखता हूँ तो लगता है पावस की ऋतु है। गहरे घने काले बादल घिर आए हैं। उसका गौर वर्ण श्याम दिखने लगा है। गीत भी बदल गया है....भाव भी....पर रस तो यथावत् बह रहा है:

अरी माई! देख तो, यह कृष्ण ही है जो भीगता हुआ घर आया है...

"हाथ लकुटिया कामर खोई खूँदत कीच सनेह
निसि अँधियारी हाथ न सूझत पवन झकोरत मेह..."

और व्रज में जो चल रहा है, जैसे उसी को देखता हुआ वह गा रहा है...

''यह रितु रूसिबे की नाहीं।
बरसत मेह नेह धरणी के बोलत कुँवर कन्हाई।।
जे बेली ग्रीषम रितु गहीं ते तरुवर लपटाईं।
देखौ नदी प्रेम रसमाती मिलन समुद्रै धाई।।...''

उसके गान में मैं किसी घटनाक्रम को ढूँढने का प्रयत्न करता हूँ; पर नहीं, वह तो दीवाना है, बावरा है। उसकी मति, गति, रति इन दिनों सब व्रज में है, व्रजेन्द्रनन्दन, वृषभानुनंदिनी में है। कौन सा पद, कौन सी पंक्तियाँ पहले आती हैं, कौन सी बाद में, इससे कुछ लेना देना नहीं है उसे। सच पूछिए तो जब मैं उस का गान सुनता हूँ तो मुझे भी कुछ भान नहीं रहता, उसके बावरेपन का आखिर थोड़ा तो असर मुझ पर होना ही है न? आनन्द में डूबे हुए स्वर का वह स्पर्श डुबाए देता है मुझे भी...मैं क्या, उस स्वर में तो एक दिन पूरा त्रिभुवन ही डूब जाना चाहता था...

''खग मोहैं, मृग-जूथ भुलाहीं, मनसिज-छबी छरत हैं
थिर चर, चर थिर, पवन थकित रहि, जमुना जल न बहत है
पसु मोहैं, सुरभी बिथकित, तृन दंतनि टेकि रहत हैं
सुक सनकादि सकल मुनि मोहैं, ध्यान न तनक गहत हैं...''

मैं सुनता हूँ, पूछना चाहता हूँ कि यह मधुर, दिव्य, आनंद का लहराता हुआ सागर...इस सागर की उत्ताल तरगें, कहाँ से आती हैं उसके हृदय में, हृदय से कंठ तक, कंठ से अधरों तक और फिर मुझ तक? पर उस डूबे हुए स्वर को मैं कैसे भंग करूँ? चुप रह जाता हूँ। सुनता हूँ...

नंदनंदन माँ यशोदा से माखन मांगते हैं। माँ दधि-मंथन करती हुई कहती है, रुको थोड़ी देर, अभी माखन देती हूँ। मैं जानती हूँ, तुम्हें बहुत

भूख लगी है। श्याम सुंदर की समझ में तो माँ की कोई बात नहीं आती, पर वे झूठमूठ ही हुंकार भरते रहते हैं...

''नें कु रहौ माखन द्यौं तुमकौं
ठाढ़ी मथति जमनि दधि आतुर लोनी नंद सुवन कौं
मैं बलि जाऊं स्याम घन सुंदर भूख लगी तुम्हैं भारी
बात कहूँ की बूझति स्यामहिं फेर करत महतारी
कहत बात हरि कछू न समुझत झूठहि भरत हुँकारी...''

कोई भी पद पूरा नहीं हो पाता। एक को बीच में ही छोड़ कर दूसरा गाने लगता है वह। जैसे सागर की एक लहर के उठ कर नीचे उतरने से पहले ही उस पर दूसरी लहर आ सवार हो...

पर इस बार तो वह सचमुच मूर्च्छित हो गया है। स्वेद बिन्दु उसके ललाट पर उभर आए हैं। देह काँपने लगी हैं। आँखों से अश्रुधारा बह चली है। मैं उठ कर बिल्कुल उसके सिर के पास आ कर खड़ा हो गया हूँ। एक विचित्र आनन्दमयी पीड़ा में भीगा है उसका बदन। बहुत धीरे धीरे, मानो भीतर ही भीतर वेदना के अनुभव में छटपटाता हुआ अपने आप से ही कुछ कह रहा हो, ऐसे गाने लगा है। मैं कान लगा कर सुनता हूँ; उसे उसकी इस दशा से बाहर लाना होगा, यह ध्यान तो मुझे बाद में आता है...

''करि गए थोरे दिन की प्रीति
कहं वह प्रीति कहां यह बिछुरनि कहं मधुबन की रीति
अब की बेर मिलौ मनमोहन बहुत भई बिपरीति
कैसें प्रान रहत दरसन बिनु मनहु गए जुग बीति...''

मैं अचानक उसके संसार से लौटता हूँ। जैसे तैसे उसे भी इस प्रकृत जगत में लौटाता हूँ। वह मेरी ओर देखता है, मेरी आँखो में, शायद कुछ ढूँढता है। फिर जैसे पहचान लौट आई हो। मुस्करा देता है। मेरे कंधे पर हाथ रखता है। मैं पूछने का साहस करता हूँ, "कहा से आता है यह गान? किस के स्वरों, शब्दों, भावों, अर्थों, रसों ने तुम्हें, तुम्हारें प्राणों को इतना विभोर कर रखा है? मैं सुनता हूँ तुम्हें तो मैं भी इन्हीं रस लहरियों में खो जाना चाहता हूँ। कभी खो भी जाता हूँ।"

"ऐसी ही हैं ये लहरें।" वह कहता है, "मैं अब याद करता हूँ तो याद आता है कि कई वर्ष पहले पूर्णिमा की एक रात में मैं समुद्र तट पर बैठा था। 'ज्वार भाटा' शब्द तो पहले भी मैंने पढ़ा सुना था। उसे देख पहली बार रहा था। समुद्र से लहरें उठती थीं। आकाश को, आकाश पर के चांद को, छू लेना चाहतीं थीं। लहरों के वक्ष पर लहरें सवार होती थीं। आपस में टकराती थीं, छितर जाती थीं। धवल मणि मुक्ताएँ बिखर बिखर जाती थीं। घन-गर्जन जैसा तुमुल स्वर उठता था। ऐसा शोर कि मन प्राण व्याकुल हो उठें। देर तक ऐसा ही रहा...फिर शांत हुई लहरें...और उस शांत सागर को छोड़ कर मैं उठ आया था।"

"वर्षों बाद", उसने कहना जारी रक्खा, मैंने अभी अभी सूरसागर पढ़ा है...पढ़ रहा हूँ। थाह पाने का प्रयास नहीं करता, न मेरी वैसी बिसात ही है। वैसा ही ज्वार, उस से शत सहस्राधिक लहरियाँ, उससे कहीं अधिक मधुर, दिव्य कोटि कन्दर्प कमनीय चन्द्र छटा...घन गर्जन के स्वर...और इन सब को अपने स्वर में आविष्ट करती हुई वंशी की ध्वनि जो महाकवि सूरदास के गीतों में निरन्तर बह रही है...मैं सुनता हूँ। पर जैसे वह नटनागर गोपियों के हाथ आकर भी हाथ नहीं आता था, यह भी मेरे पास आकर लौट जाती है..."

वह कौन है? मैं किस से बात करता, किसे सुनता, देखता रहा हूँ, आपको कैसे बताऊँ? बताना संभव है क्या? हाँ, उसने सूर के सागर में से कुछ लहरें उठा कर मुझे सौंपी हैं आप तक पहुँचाने के लिए....सो पहुँचा रहा हूँ....

—प्राण पंकज

परिचय

"यदि श्री गोकुलाधीशो धृतः सर्वात्मना हृदि।
ततः किमपरं ब्रूहि लौकिकैर्वैदिकैरपि।।
अतः सर्वात्मना शश्वद् गोकुलेश्वरपादयोः।
स्मरणं भजनं चापि न त्याज्यमिति मे मतिः।।"

"श्री कृष्ण ही परब्रह्म हैं, दिव्यगुणों से संपन्न होने पर वे पुरुषोत्तम कहलाते हैं। वे अपने भक्तों के लिए व्यापी-वैकुंठ में अनेक क्रीड़ाएँ करते रहते हैं। यह व्यापी-वैकुंठ विष्णु के वैकुंठ से ऊपर है। गोलोक इसी व्यापी वैकुंठ का एक खंड है जिसमें नित्यरूप में यमुना, वृन्दावन, निकुंज इत्यादि सब कुछ है। श्री कृष्ण की इस नित्यलीला में प्रवेश करना ही जीव की सर्वश्रेष्ठ गति है।"

"यदि श्रीकृष्ण को सब प्रकार से हृदय में धारण कर लिया जाए तो फिर भला लोकमर्यादा और वेदमर्यादा से क्या प्रयोजन है? अतः सर्वतोभावेन, सर्वदा श्रीकृष्ण के चरणों का स्मरण तथा भजन करते रहना चाहिए। उनका कभी त्याग नहीं करना चाहिए।"

उपरोक्त सिद्धान्त शुद्धाद्वैत वैष्णव सम्प्रदाय अथवा पुष्टिमार्ग के प्रवर्तक श्री वल्लभाचार्य द्वारा प्रतिपादित हैं। वे ही महाकवि सूरदास के गुरु थे। सूरदास की रचनाओं के कथासूत्र यदि श्री मद्भागवत, पद्मपुराण, ब्रह्मवैवर्त पुराण, सामरहस्योपनिषद्, राध्युपनिषद् इत्यादि के अतिरिक्त उनकी अपनी भावप्रवण अन्तर्दृष्टि में हैं, तो उनके दर्शन-सूत्र एवं आस्थाएँ श्री वल्लभाचार्य के सिद्धान्तों में हैं। कहा जाता है कि संवत् १५६७ वि. (१५१० ई०) में

इलाहाबाद के पास यमुना पार अपने अरइल नामक गाँव से मथुरा जाते हुए श्री वल्लभाचार्य आगरा के पास गौघाट में बसे सूरदास से मिले थे। वहीं आचार्य के आग्रह पर उन्होंने उन्हें निम्नलिखित पद सुनाया थाः

हरि हौं सब पतितनि को नायक।
को करि सकै बराबरि मेरी और नहीं कोउ लायक।।

श्रीवल्लभ सम्प्रदाय के साहित्य के ब्रजभाषा में लिखित एक प्रसिद्ध ग्रन्थ 'चौरासी वैष्णवन की वार्ता' में यह भी कहा गया है कि श्री वल्लभाचार्य से भेंट होने से पहले सूरदास जी गौघाट पर ही रहते हुए दैन्य और विनय के पदों की रचना करते और अपने भक्तों को सुनाते थे। श्रीवल्लभाचार्य ने उन्हें मीठी झिड़की देते हुए कहा, ''सूर ह्वै कै ऐसौ क्यों घिघियात हौ? कछु भगवद् जस वर्णन करि''। आचार्य ने सूरदास को मंत्रदीक्षा दी, श्री मद्भागवत के दशम स्कंध की विषयानुक्रमणिका सुनाई और इस प्रकार पुष्टिमार्ग में दीक्षित कर लिया। यही घटना सूर के कृतित्व को एक नया मोड़ देने वाली सिद्ध हुई। सूर के अन्तःकरण में भागवती कथा का अद्भुत विकास और प्रकाश हुआ और उन्होंने श्रीकृष्ण लीला का ऐसा अनूठा गान प्रारंभ किया जो न केवल पुष्टिमार्ग के अनुयायियों के लिए अपितु समूचे हिन्दी जगत् के लिए श्रीकृष्ण प्रेम, श्रीकृष्णनिष्ठा और श्रीकृष्णानुभूति का पर्याय बन गया। जिन रसों को उन्होने अपनाया, उन रसों का आश्रय लेकर की गई अन्य किसी कवि की रचना, उन की रचनाओं के समकक्ष नहीं ठहर पाती। बाल्य-वर्णन, वियोग-शृंगार और वात्सल्य-भाव के एकछत्र सम्राट् हैं सूरदास। गोपियों का विरह-वर्णन करते हुए सूरदास समानुभूति (empathy) के जिस स्तर पर पहुंचे हैं, विभिन्न गोपियों की पीड़ा और व्याकुलता का वर्णन विरह के जिन विभिन्न आयामों से उन्होंने किया है, राधा की कृष्ण-तन्मयता का जैसा हृदयद्रावक चित्रण उनकी काव्य

तूलिका से हुआ है, वह सब विश्व-साहित्य में अन्यत्र कहीं उपलब्ध नहीं होता। उद्धव के साथ वार्तालाप में यशोदा कृष्ण को संदेश देते हुए जिस प्रकार अपने वात्सल्य की अभिव्यक्ति करती हैं उससे सहसा महाकवि भवभूति के उस अमर वाक्य का स्मरण हो आता है:

अपि ग्रावा रोदित्यपि दलति वज्रस्य हृदयम्।[१]...

यद्यपि सूरदास जी के जन्म और जीवन के विषय में अलग अलग मान्यताएँ हैं, तथापि अन्तःसाक्ष्यों और बाहरी प्रमाणों के आधार पर अधिकतर विद्वान् यह स्वीकार करते हैं कि उनका जन्म विक्रम संवत् १५४० (१४८३ ई०) एवं मृत्यु सं. १६२० वि० (१५६३ ई०) के आसपास हुई थी। कुछ विद्वानों के अनुसार सूरदास का जन्म आगरा के निकट रुनकता ग्राम में हुआ था परन्तु 'चौरासी वैष्णवन की वार्ता' तथा 'दो सौ बावन वैष्णवन की वार्ता' नामक ग्रन्थों पर 'भावप्रकाश' नामक टीका के लेखक गोस्वामी हरिराय जी का कहना है कि उनका जन्म स्थल दिल्ली के निकटस्थ सीही ग्राम है। यह सीही ग्राम, वर्तमान हरियाणा प्रदेश के बल्लभगढ़ के पास है। सूरदास सारस्वत ब्राह्मण वंश के थे। उनके पिता का नाम रामदास था। रामदास तथा उनके छः अन्य पुत्र मुसल्मानों के साथ युद्ध में मारे गए थे। एक अन्य मान्यता के अनुसार सूर पृथ्वीराज के कवि चंदबरदाई के वंशज थे और उनके पिता का नाम हरिचंद था। 'सूरजदास' अथवा 'सूरदास' इन्हीं के सबसे छोटे—और सातवें—पुत्र थे।

सूर जन्मांध थे या बाद में अन्धे हुए, इस बात को लेकर भी विभिन्न मत हैं। वल्लभ संप्रदाय के अनुयायियों का मानना है कि सूर जन्मांध थे। गोस्वामी

---

[१] उत्तररामचरित

हरिराय जिन्होंने सूरदास का जीवन चरित लिखा, के अनुसार वे जन्मांध ही थे, यहाँ तक कि उनके चेहरे पर आँखों की बनावट के नाम पर केवल भृकुटियाँ ही थीं। दूसरी ओर यह कहा गया है कि सूरदास बाद में अंधे हुए थे। कुछ लोगों का मत है कि सूरदास का प्रथम नाम बिल्वमंगल था तथा वे चिन्तामणि नामक एक अत्यंत सुंदरी वेश्या से बहुत प्रेम करते थे। चिन्तामणि ने बिल्वमंगल को उनकी कामासक्ति के लिए खरी खोटी सुनाई और अपने भवन में आने से मना कर दिया। बाद में एक अन्य स्त्री की ओर आकर्षित हो जाने पर बिल्वमंगल इतने दुखी हुए कि उन्होंने अपनी आँखें फोड़ डालीं और अंधे हो गए। इन्हीं बिल्वमंगल द्वारा लिखित संस्कृत का 'गोविन्ददामोदरस्तोत्र' अत्यंत प्रसिद्ध है। इसी प्रकार एक 'सूरदास मदनमोहन' हैं, एक 'सूरजदास' भी, जिनकी रचनाएँ कुछ लोगों के द्वारा सूरदास की ही लिखी रचनाएँ मानी जाती हैं। पर सूर-साहित्य का गहरा, गवेषणात्मक अध्ययन करने वाले विद्वानों का कहना है कि ये सब महानुभाव सूरदास से भिन्न थे और चूँकि सूर के जीवन काल में ही उन्हें अत्यंत प्रसिद्धि प्राप्त हो गई थी, इसलिए कृष्णलीला के गायक कई समकालीन और परवर्ती कवियों ने उन्हीं के नाम से अपनी रचनाओं को भी ख्याति प्रदान करवाने का प्रयास किया: शायद समाज में अपने पदों का सूर के पदों के साथ गायन होते सुनकर उन्हें सफलता का अहसास होता होगा या फिर तत्कालीन राजाओं, सुल्तानों व सामंतों से वाहवाही के साथ साथ कुछ दक्षिणा-द्रव्य का भी लालच होता हो।

अंधे सूरदास, भ्रातृ-पितृहीन हो जाने पर इधर उधर भटकते हुए एक बार एक कुएँ मे गिर पड़े और छः दिन तक वहीं पड़े रहे। श्रीकृष्णचन्द्र स्वयं प्रकट हुए, सूरदास को कुएँ से निकाला, दृष्टि प्रदान की और वर माँगने को कहा। ''जिन नेत्रों से आपके दर्शन हो गए, अब उनसे संसार को न देखना पड़े'', यह कह कर सूरदास ने पुनः अन्धत्व मांग लिया।

सूर के कुछ पदों से यह प्रतीत होता है कि वे जन्मांध ही थे–

'किन तेरो गोबिन्द नाम धर्‌यो।
सूर की बेर निठुर ह्वै बैठे, जनमत अन्ध कर्‌यो।।'

'कोटि कोटि तुम पतित उधारे, कह धौं कल न कहा को।
रहौ जात इक पतित जनमको अँधरो सूर सदा को।।'

श्री वल्लभाचार्य से दीक्षित हो जाने के पश्चात् सूरदास गौघाट छोड़ कर, आचार्य के साथ गोकुल चले गये। आचार्य ने भागवत के दशमस्कंध की अनुक्रमणिका का वर्णन करके उन्हें कृष्णलीला में अभिनिविष्ट तो गौघाट पर ही कर लिया था। यहाँ आ कर कवि की वाणी से लीला पदों का गायन प्रस्फुटित हुआः

''सोभित कर नवनीत लिए।
घुटरुनि चलत रेनु तन मंडित, मुख दधि लेप किए।।...''

''श्यामसुंदर के सुंदर कपोल हैं, वे अपने चंचल नेत्रों से सब को आकर्षित करते हैं। मस्तक पर चंदन का तिलक है, उनकी केशराशि से कपोलों तक आती लटें ऐसी लगती हैं मानो भ्रमरों के समूह मादक पुष्परस का आस्वादन कर के उन्मत्त हो रहे हों। श्याम के गले में कंठहार, वज्र और बाघनख शोभा पा रहे हैं। सूरदास कहते हैं कि जो इस आनन्द का अनुभव क्षणमात्र के लिए भी कर लेता है, उसका जीवन धन्य है। सौ कल्पों तक का जीवन भी इसकी तुलना में हेय है।''

इस पद को सुन कर आचार्य बहुत प्रसन्न हुए। वे उन्हें गोवर्धन ले गए जहाँ उन्हें श्रीनाथ जी के दर्शन कराए। इस पर जब उन्होंने 'अब मै नाच्यो बहुत गुपाल' गाया तो आचार्य ने उनसे फिर भगवद्‌यश गाने की प्रेरणा दी और फिर...

फिर तो, 'सूर सगुन पद गावै'...कृष्ण लीला का ऐसा प्रवाह सूर की वाणी से बह निकला जो अबाध, अजस्र रूप से बहता रहा। पुष्टिमार्ग के सिद्धांतों के अनुरूप श्रीकृष्ण अपने सत्, चित्, आनन्द रूपों के आविर्भाव और तिरोभाव की लीला करते रहते हैं....इसी लीला को देखने के लिए सूर के अन्तश्चक्षुओं के आगे दिव्य व्रजमंडल का उद्घाटन होता है जहाँ कालिन्दी का तट है, वंशी वट है, गौएँ हैं, नन्द-यशोदा, ग्वाल-बाल, गोपिकाएँ हैं। चोरी करने के लिए दधि-माखन है; जहाँ कृष्ण की शरारतों के लिए गोपिकाएँ माँ से शिकायत करती हैं, माँ के कृष्ण को डाँटने या दंड देने पर पछताती हैं। जहाँ राधा है...पर यह राधा तो भागवत में कहाँ है? और फिर आचार्य ने तो केवल अनुक्रम ही बताया था न? पर सूर ने भागवत ही नहीं, पद्मपुराण, ब्रह्मवैवर्त्त पुराण, सामरहस्योपनिषद् आदि का भी तो अनुशीलन किया है। ब्रह्मवैवर्त्तपुराण में तो ब्रह्मा जी द्वारा राधा-कृष्ण के विवाह का भी उल्लेख है।

...तो...जहाँ राधा है, कृष्णप्राणेश्वरी, कृष्णप्राणा राधा; जहाँ रास है और कृष्ण के जाने पर कभी न समाप्त होने वाला विरह है: विरह जिस ने पूरे व्रज को व्याप्त कर लिया है; विरह, जो अपनी चरम परिणिति में ब्रह्मानन्द से भी उदात्त महाभाव बन गया है। कुरुक्षेत्र में मिलन तो होता है, पर व्रज तो विरही ही रह जाता है।

आचार्य द्वारा प्रदत्त ब्रह्मसंबंध, श्री मद्भागवत और अन्य ग्रन्थों में वर्णित लीला...और हम भूल न जाएँ....

'मेधैर्मेदुरमम्बरं वनभुवः श्यामास्तमालद्रुमैर्....'

महाकवि जयदेव का गीतगोविन्द। ''आकाश पर घने काले बादल घिर आए हैं (सूर कहते हैं, 'धुरबा धुंध उठी'), सखि़यों के साथ राधारानी घर लौटने को हुई तो नंद बाबा उन्हें मनाते हुए कहते हैं, बेटी राधे, इन बादलों के कारण चारों ओर अंधकार छा गया है और यह सारा वनप्रदेश तमालवृक्षों से भरा है। इस कारण अंधेरा और भी घना हो गया है। तुम्हारा साथी यह कृष्ण रात्रि में अकेला होने के कारण डर जाता है। इसे छोड़ कर मत जाओ, अपितु इसे घर पहुँचाने के अनन्तर ही घर को प्रस्थान करो...''

निस्संदेह यह सारी सामग्री सूर को उपलब्ध है। पर सूर की अद्भुत अन्तर्दृष्टि ही कृष्णकथा के पथ में उनकी सर्वोपरि पथप्रकाशिका है। इसी के प्रकाश में वे एक एक प्रसंग को अनेकानेक भावों के द्वारा रेखांकित करते हैं। कृष्ण की एक एक मुद्रा, उनकी एक एक चितवन, एक एक अदा को कितनी ही दिशाओं से देखते और कितनी बार उन पर सर्वस्व समर्पित करते हैं। सूर की यह अद्भुत, अनुपम दृष्टि वह सब भी देखती है जिसे उनसे पहले—बाद में भी—किसी और ने नहीं देखा; वैसे भी देखती है, जैसे अन्य कोई देख नहीं पाता। 'अदृष्टपूर्वं हृषितोऽस्मि दृष्ट्वा'।

और वाणी सूर की? उनकी भाषा कितनी सरल है—व्रज वीथियों में ही नहीं, सभी जगह जहाँ हिन्दी भाषी लोग हैं, आबाल वृद्ध सहज ही, उठते बैठते गाते फिरते हैं...मैं नहिं माखन खायो...दाऊ बहुत खिझायो...नान्हरिया गोपाल लाल तू बेगि बड़ो किन होय...। पर इसी भाषा को समझने के लिए, इसी कविता में उतरने के लिए विद्वान् कितना खपते हैं! भाव जगत् के तो सूर सम्राट् ही हैं। महाभावस्वरूपा श्री राधा तो उनके अंतस् में स्वयं विराजती हैं। रसिक महापुरुषों का मानना है कि सूर दिन में श्रीकृष्ण के सखा भाव का

अवलंबन करते थे और रात्रि में राधा जी की सखी चम्पकलता का। यही कारण है कि वे पुरुष और स्त्री के निगूढ़, गुह्यतम भावों की अभिव्यंजना सहजता से कर लेते थे। चर्म चक्षुओं के अभाव में यह अवश्य स्वीकार करना पड़ेगा कि सूर ने अपनी रचनाओं को न स्वतः लिखा होगा न एक बार लिखे जाने के बाद उनका संशोधन हो पाया होगा। यही कारण है कि विद्वानों की दृष्टि में उनकी रचनाओं में कहीं कहीं अनगढ़ मोती भी दिखाई दे जाते हैं। सूर के साथ कोई 'लिखिया' भी अवश्य रहता होगा जो उनकी गाई हुई रचनाओं को लिपिबद्ध करता रहा होगा।

.....और गाने के प्रसंग में यह कह देना भी आवश्यक है कि सूर शास्त्रीय संगीत में भी पारंगत रहे होंगे। उनके सभी पद विभिन्न रागों और तालों के साथ गेय हैं।

सूरदास की अद्वितीय कृष्णनिष्ठा को देख कर तथा सूर के गीतिमाधुर्य का अनुभव करके श्रीवल्लभाचार्य ने उन्हें अपने श्रीनाथ जी के मंदिर की कीर्तन सेवा सौंपी। इस मंदिर को पूरनमल खत्री ने गोवर्द्धन पर्वत पर संवत् १५७६ वि० (१५१९ ई०) में बनवा कर दिया था। इस मंदिर के निर्माण के कुछ ही समय बाद सूरदास जी वल्लभ संप्रदाय में दीक्षित हुए थे। गोवर्धन पर आकर सूर नियमित रूप से कीर्तन सेवा में ही बने रहे।

श्री वल्लभाचार्य के पश्चात् उनके पुत्र गोस्वामी विट्ठलनाथ जी गद्दी पर बैठे। उस समय तक पुष्टिमार्ग में कई कवि श्रीकृष्णभक्तिपरक रचनाएँ कर रहे थे। इनमें सर्वश्रेष्ठ आठ कवि चुन कर विट्ठलनाथ जी ने 'अष्टछाप' की स्थापना की। ये कवि हैंः (१) सूरदास (२) कुंभनदास (३) परमानंददास

(४) कृष्णदास (५) छीतस्वामी (६) गोविंदस्वामी (७) चतुर्भुज दास और (८) नंददास।

अपना अन्तकाल निकट जान कर वे अपने पारासौली गाँव के चंद्रसरोवर पर श्रीनाथ जी के मन्दिर की ध्वजा की ओर साष्टांग प्रणाम करके अपने आचार्य और इष्टदेव का स्मरण करने लगे। मंदिर में विट्ठलनाथ जी ने सूरदास जी को कीर्तन करते नहीं पाया तो पूछने पर पता चला कि वे पारासौली चले गए हैं। उन्होंने सभी भक्तों से कहा, "चलो, पुष्टिमार्ग का जहाज जा रहा है, जिसे कुछ लेना हो, ले लो।" राजभोग की आरती करके विट्ठलनाथ जी सेवकों सहित सूर के पास पहुँचे तो सूरदास जी तुंरत अचेतावस्था से निकल कर बोल उठे, "मैं तो महाराज की ही बाट जोह रहा था"। गोसाईं जी के यह पूछने पर कि आपकी वृत्ति कहाँ है, सूर ने गायाः

खंजन नैन सुरँग रसमाते।
अतिसय चारु बिमल चंचल ये पल पिंजरा न समाते।।
बसे कहूँ सोइ बात सखी कहि रहे इहाँ किहि नातें।
सोइ संज्ञा देखति औरासी बिकल उदास कला तें।।
चलि चलि जात निकट स्रबननि के सकि ताटे फंदा तें।
सूरदास अंजन गुन अटके नतरु कबै उड़ि जाते।।

....और नित्यलीलालीन हो गए सूर।

चौरासी वैष्णवन की वार्ता के आधार पर यह कहा जा सकता है कि 'सूरसागर' सूरदास के सम्पूर्ण काव्य का संकलन है। विनय और वैराग्य की भूमि पर सूर ने श्रीकृष्णलीला—आर्थात् लीलाप्रबंध—को शृंगार के जिस मनोहारी

सौन्दर्य के साथ निर्मित किया, वह पूरे भारतीय वाङ्मय में बेजोड़ है। एक रसिक लेखक के शब्दों में, ''प्रेम की परा वाणी में नन्दनन्दन का भावमुग्ध गुणगान करने वाले अनेक महाभाग हुए हैं। सूर उनके आचार्य हैं। वे उस नन्दन कानन के भृंगराज हैं। उनके पद काव्य नहीं, हृदय से द्रवित सुधारस है। उनमें मानव हृदय के निर्मल स्निग्ध भाव हैं।....यह वाणी किसी देश या काल विशेष के लिए नहीं, सभी कालों में, सम्पूर्ण मानवजाति के आनन्द का स्रोत है....''

इसीलिए सूर की कविता कालजयी है।

''करुणायतन'' —प्राणनाथ पंकज

१०६४/१, सेक्टर ३९-बी
चंडीगढ़
ज्येष्ठ शुक्ला १, सं. २०५८ वि.
२४ मई २००१ ई.

मनहरन रसिकबर

सूरदास

काव्य संग्रह

१. विनय, दैन्य, उद्‌बोधन

(१)

चरन कमल बंदौं हरिराई।
जाकी कृपा पंगु गिरि लंघै, अंधे कौं सब कछु दरसाई॥
बहरो सुनै गूँग पुनि बोलै, रंक चलै सिर छत्र धराई।
सूरदास स्वामी करुनामय, बार बार बंदौं तिहि पाई॥
१ (राग बिलावल)

(२)

अबिगत[१]-गति कछु कहत न आवै।
ज्यूँ गूँगै मीठे फल कौ रस, अंतरगत[२] ही भावै॥
परम स्वाद सब ही सु निरंतर, अमित तोष उपजावै।
मन बानी कौं अगम अगोचर, सो जानै जो पावै॥
रूप रेख[३] गुन जाति जुगति बिनु निरालंब[४] कित धावै।
सब बिधि अगम बिचारहिं तातैं सूर सगुन-पद गावै॥
२ (राग कान्हरौ)

---

[१] अव्यक्त [२] हृदय के भीतर [३] रूप-रेखा (आकृति) [४] बिना आश्रय के

(३)

हमारे प्रभु औगुन चित न धरौ।
समदरसी है नाम तुम्हारौ, सोई पार करौ।।
इक लोहा पूजा में राखत, इक घर बधिक परौ।
सो दुबिधा पारस नहिं जानत, कंचन करत खरौ।।
इक नदिया इक नार कहावत, मैलो नीर भरौ।
सब मिलि गए तब एक बरन ह्वै, गंगा नाम धरौ।।
बन माया[१], ज्यौं ब्रह्म[२] कहावत, सूर सु मिलि बिगरौ।
कै इन को निरधार[३] कीजिए, कै प्रन जात टरौ।।
३ (राग खंबावती-तिताला)

(४)

जनम जनम, जब जब जिहिं जिहिं जुग, जहँ जहँ जन जाइ।
तहँ तहँ हरि चरन कमल रति, सो दृढ़ होइ रहाइ।।
स्त्रवन सुजस सारंग नाद बिधि[४], चातक बिधि मुख नाम।
नैन चकोर सतत दरसन ससि, कर अरचन अभिराम।।
सुमति सुरूप संचै स्त्रद्धा बिधि[५], उर अंबुज अनुराग।
नित प्रति अलि जिमि गुंज मनोहर, उड़त जु प्रेम पराग।।
औरौ सकल सुकृत श्रीपति हित, प्रतिफल रहित[६] सुप्रीति।
नाक निरै[७], सुख दुःख सूर नहिं, जिहि की भजन प्रतीति।।
४ (राग बिलावल)

---

[१] माया निर्मित शरीर [२] जीव,ब्रह्म का अंश [३] अलग (जीव को, जो ब्रह्म का अंश कहलाता है, माया निर्मित शरीर से अलग कर जड़-चेतन की गांठ खोल दीजिए) [४] जैसे मृग वंशीनाद सुनने को लालायित रहता है [५] बुद्धि श्रद्धा पूर्वक आपके सुन्दर रूप का ध्यान करती रहे [६] बदले में किसी फल की इच्छा के बिना [७] स्वर्ग-नरक

(५)

है हरि भजन को परमान[१]।
नीच पावै ऊँच पदवी, बाजते नीसान[२]।।
भजन को परताप ऐसो, जल तरे पाषान[३]।
अजामिल[४] अरु भीलि गनिका[५], चढ़े जात बिमान।।
चलत तारे सकल मंडल, चलत ससि अरु भान।
भक्त ध्रुव कौं अटल पदवी, राम के दीवान।।
निगम जाको सुजस गावत, सुनत संत सुजान।
सूर हरि की सरन आयो, राखि लै भगवान।।
५ (राग केदारौ)

(६)

प्रभु को देखौ एक सुभाइ।
अति गंभीर उदार उदधि[६] हरि, जानि सिरोमनि राइ[७]।।
तिनका सौं अपने जन को गुऩ मानत मेरु समान।
सकुचि गनत अपराध समुद्रहिं बूंद तुल्य भगवान।।
बदन प्रसन्न कमल सनमुख ह्वै देखत हौं हरि जैसें।

---

[१] महिमा, प्रामाणिकता [२] डंका [३] श्रीराम द्वारा लंका जाने के लिए समुद्र पर पुल बांधने का उल्लेख [४] वेश्यागामी ब्राह्मण का नाम, जिसने अपने छोटे पुत्र का नाम नारायण रक्खा था। इसी नाम को पुकारने के कारण उसकी सद्गति हो गई थी। [५] वेश्या, जिसने तोता पाल रक्खा था, उसको 'सीताराम' 'सीताराम' बोलना सिखाते हुए उसकी मृत्यु हुई; इसी कारण उसे वैकुंठ की प्राप्ति हो गई। [६] उदारता के सागर [७] सेवकों के हृदय की बात जानने वालों में सर्वश्रेष्ठ।

बिमुख भएं अकृपा न निमिषहूं, फिरि चितयौं तौ तैसे।।
भक्त बिरह कातर करुनामय, डोलत पाछें लागे।
सूरदास ऐसे स्वामी कों, देहिं पीठि सो अभागे।।
६ (राग धनाश्री)

(७)

मेरो मन अनत[१] कहाँ सुख पावै।
जैसे उड़ि जहाज को पंछी फिरि जहाज पर आवै।।
कमल नैन को छांड़ि महातम[२] और देव को ध्यावै।
परम गंग को छांड़ि पियासो दुरमति कूप खनावै।।
जिहिं मधुकर अंबुज रस चाख्यो क्यों करील फल भावै।
सूरदास प्रभु कामधेनु तजि छेरी[३] कौन दुहावै।।
७ (राग देव गंगाधर)

(८)

ऐसी कब करिहौ गोपाल?
मनसा-नाथ[४], मनोरथ दाता, हौ प्रभु दीन दयाल।।
चरनन चित्त निरंतर अनुरत, रसना चरित रसाल।
लोचन सजल, प्रेम पुलकित तन, गर अंचल कर माल।।
इहि बिधि लखत, झुकाइ रहै जम, अपनैं ही भय भाल।
सूर न डरत सुजस-रागी मन, सुनि जातना कराल।।
८ (राग कान्हरौ)

---

[१] अन्यत्र, दूसरी जगह [२] माहात्म्य [३] बकरी [४] अन्तःकरण के स्वामी

(९)

अपुनपौं आपुनहीं बिसर्‌यो।
जैसे स्वान कांच मंदिर में, भ्रमि भ्रमि भूकि पर्‌यो।।
ज्यों सौरभ मृग नाभि बसत है, द्रुम तृन सूंघि फिर्‌यो[1]।
ज्यों सपने में रंक भूप भयो, तसकर अरि पकर्‌यो।।
ज्यों केहरि प्रतिबिंब देखि कै, आपुन कूप पर्‌यो।
जैसे गज लखि फटिक सिला में, दसननि जाइ अर्‌यो।।
मर्कट मूठि छांड़ि नहिं दीनी, घर घर द्वार फिर्‌यो।
सूरदास नलिनी को सुवटा[2], कहि कौनें पकर्‌यो।।
९ (राग नट)

(१०)

तजौ मन हरि बिमुखनि को संग।
जिनके संग कुमति उपजत है, परत भजन में भंग।।
कहा होत पय पान कराएं, बिष नहिं तजत भुजंग।
कागहि कहा कपूर चुगाए, स्वान न्हवाएं गंग।।
खर को कहा अरगजा लेपन, मरकट भूषन अंग।
गज को कहा सरित अन्हवाएं, बहुरि धरै वह ढंग।।
पाहन पतित बान नहिं बेधत, रीतो करत निषंग।
सूरदास कारी कामरि पै, चढ़त न दूजो रंग।।
१० (राग सारंग)

---

[1] कस्तूरी मृग की नाभि में ही सुगंधि होती है पर वह उसे घास में सूंघता फिरता है [2] तोता नलिनी यंत्र पर बैठ जाता है, यंत्र चलता है तो उसे पकड़ कर वह लटकने लगता है, समझता है कि यंत्र ने उसे पकड़ रखाा है।

(११)

मो सम कौन कुटिल खल कामी।
तुम सो कहा छिपी करुनामय सब के अंतरजामी।।
जो तन दियो ताहि बिसरायो ऐसो नोन हरामी।
भरि भरि द्रोह बिषै कों धावत जैसें सूकर ग्रामी।।
सुनि सतसंग होत जिय आलस बिषयिनि सँग बिसरामी।
श्री हरिचरन छांड़ि बिमुखन[१] की निसि दिन करत गुलामी।।
पापी परम अधम अपराधी, सब पतितनि में नामी।
सूरदास प्रभु अधम उधारन, सुनिऐ श्रीपति स्वामी।।
११ (राग जगला तिताला)

(१२)

जो प्रभु मेरे दोष बिचारैं।
करि अपराध अनेक-लौं, नख-सिख भरौ बिकारैं।।
पुहुमि[२] पत्र करि, सिंधु मसानी[३], मसि-गिरि[४] कौ लै डारैं।
सुर-तरुवर[५] की साख लेखनी, लिखत सारदा हारैं।।
पतित-उधारन बिरद बुलावैं, चारिउं बेद पुकारैं।
सूर स्याम! हौं पतित सिरोमनि, तारि सकैं तो तारैं।।
१२ (राग सोरठः त्रिताल)

---

[१] ईश्वर से विमुख [२] पृथ्वी [३] मसिपात्र, स्याहीदान [४] असितगिरि, कज्जलगिरि [५] कल्पवृक्ष

(१३)

अब मैं नाच्यो बहुत गुपाल।
काम क्रोध को पहिरि चोलना, कंठ विषय की माल॥
महामोह के नूपुर बाजत, निंदा सब्द रसाल।
भ्रम भोयो[१] मन भयो पखावज[२], चलत असंगत चाल॥
तृष्णा नाद करति घट भीतर, नाना बिधि दै ताल।
माया को कटि फेंटा बांध्यो, लोभ तिलक दियो भाल॥
कोटिक कला काछि[३] दिखराई, जल थल सुधि नहिं काल।
सूरदास की सबै अबिद्या, दूरि करौ नंद लाल॥
१३ (राग धनाश्री)

(१४)

बौरे मन रहन अटल करि जान्यो।
धन दारा सुत बधु कुटुँब कुल, निरखि निरखि बौरान्यो॥
जीवन जन्म अल्प सपनो सो समुझि देखि मन माहीं।
बादर छांह धूम धौराहर[४] जैसे थिर न रहाहीं॥
जब लगि डोलत बोलत चितवत धन दारा हैं तेरे।
निकसत हंस[५] प्रेत कहि तजिहैं कोउ न आवै नेरे॥
मूरख मुग्ध[६] अजान मूढ़मति नाहीं कोऊ तेरो।
जो कोऊ तेरो हितकारी सो कहै काढ़ि[७] सबेरो[८]॥

---

[१] भ्रमित [२] मृदङ्ग [३] भली प्रकार [४] महल [५] प्राण [६] मोहित [७] निकाल दो [८] शीघ्र, दिन रहते

धरि इक सजन-कुटुँब मिलि बैठैं रूदन बिलाप कराहीं।
जैसे काग काग के मूऐं, काँ काँ करि उड़ि जाहीं॥
कृमि पावक तेरो तन भखिहैं, समुझि देखि मन माहीं।
दीन दयाल सूर हरि भजि लै, यह औसर फिरि नाहीं॥
१४ (राग आसावरी)

(१५)

पढ़ौ भाइ! राम मुकुंद मुरारि।
चरन कमलमन सनमुख राखौ, कहूँ न आवै हारि॥
कहै प्रहलाद, सुनौ रे बालक, लीजै जनम सुधारि।
को है हिरन कसिपु अभिमानी, तुम्हैं सकै जो मारि॥
जनि डरपौ जड़मति काहू सों, भक्ति करौ इकसारि[१]।
राखनहार अहै कोउ औरै, स्याम धरैं भुज चारि॥
सत्यस्वरूप देव नारायन, देखौ हृदय बिचारि।
सूरदास प्रभु सब मैं ब्यापक, ज्यों धरनी में बारि॥
१५ (राग रामकली)

---

[१] एकाग्रता पूर्वक

(१६)

(श्री) नाथ[१] सारंगधर[२]! कृपा करि दीन पर,
डरत भव-त्रास तें राखि लीजै।
नाहिं जप, नाहिं तप, नाहिं सुमिरन–भजन,
सरन आए की अब लाज कीजै।।
जीव जल-थल जिते, बेष धरि धरि तिते,
अटल दुरगम अगम अचल भारे।
मुसल-मुदगर हनत, त्रिबिध करमनि गनत,
मोहिं दंडत धरम-दूत[३] हारे।।
बृषभ[४], केसी[५], प्रलंब[६], धेनुकऽरू[७] पूतना[८],
रजक[९], चानूर[१०] से दुष्ट तारे।
अजामिल गनिका तैं कहा मैं घटि कियो,
तुम जो अब सूर चित तैं बिसारे।।

१६ (राग आसावरी)

---

[१] लक्ष्मीपति [२] शार्ङ्गधनुष धारण करने वाले [३] धर्मराज के दूत, यमदूत, [४-१०] कंस द्वारा श्रीकृष्ण को मारने के लिए नियुक्त बलवान् असुर/दुष्ट, जिन्हें श्री कृष्ण ने मार कर मोक्ष दे दिया था।

(१७)

बिनती सुनौ दीन की चित दै, कैसें तुव गुन गावै?
माया नटी लकुटि कर लीन्हे, कोटिक नाच नचावै॥
दर-दर लोभ लागि लिये डोलति, नाना स्वांग बनावै।
तुम सौं कपट करावति प्रभु जू[१], मेरी बुधि भरमावै॥
मन अभिलाष तरंगनि करि-करि, मिथ्या निसा[२] जगावै।
सोवत सपने में ज्यौं संपति, त्यौं दिखाइ बौरावै॥
महा मोहिनी मोहि आतमा, अपमारगहि[३] लगावै।
ज्यों दूती[४] परबधू भोरि कै, लै पर-पुरुष दिखावै॥
मेरे तौ तुम पति, तुम ही गति, तुम समान को पावै?
सूरदास प्रभु तुम्हरि कृपा बिनु, को मो दुख बिसरावै॥
१७ (राग केदारौ)

(१८)

अब मैं जानी देह बुढ़ानी।
सीस पाउँ कर कह्यौ न मानत तन की दसा सिरानी[५]॥
आन कहत, आनै कहि आवत, नैन नाक बहि पानी।
मिटि गइ चमक दमक अँग अँग की,मति अरु दृष्टि हिरानी॥
नाहिं रही कछु सुधि तन मन की, भई जु बात बिरानी[६]।
सूरदास अब होत बिगूचनि[७] भजि लै सारँग पानी॥
१८ (राग केदारौ)

---

[१] आपके प्रति मुझसे कपट करवाती है। [२] मोह की मिथ्या रात्रि [३] पतन का मार्ग, कुमार्ग [४] कुटनी, बहका कर दूसरे पुरुष के पास ले जाने वाली स्त्री [५] चुक गई, समाप्त हो गई [६] बेगानी, दूसरों के हाथ की (अपने तन मन की संभाल भी दूसरों के हाथ की बात हो गई।) [७] मृत्युकाल रूपी संकट

(१९)

मोसौ पतित न और हरे!
जानत हौं प्रभु अंतरजामी, जे मैं करम करे॥
ऐसो अंध, अधम, अबिबेकी, खोटनि करत खरे[१]।
बिषई भजे, बिरक्त न सेए, मन धन-धाम धरे॥
ज्यौं माखी मृगमद-मंडित-तन, परिहरि, पूय[२] परे।
त्यों मन मूढ़ बिषय-गुंजा गहि, चिंतामनि बिसरे॥
ऐसे और पतित अवलंबित, ते छिन माहिं तरे।
सूर पतित तुम पतित-उधारन, बिरद कि काज धरे॥
१९ (राग धनाश्री)

(२०)

भजि मन नंद नंदन चरन।
परम पंकज अति मनोहर, सकल सुख के करन॥
सनक[३]-संकर ध्यान धारत, निगम-आगम[४] बरन[५]।
सेस-सारद, रिषय नारद, संत चिंतन सरन॥
पद-पराग प्रताप दुर्लभ, रमा[६] कौ हित करन।

---

[१] झूठ (विषय भोगों) को सत्य मानता हूँ [२] पीब, दुर्गंधित पदार्थ [३] सदा बाल्यावस्था में रहने वाले चार ऋषिः सनक, सनंदन, सनातन, सनत्कुमार [४] वेद-पुराण [५] वर्णन करते हैं। [६] लक्ष्मी

परसि गंगा भई पावन, तिहूँ पुर धन-घरन[1]।।
चित्त चिंतन करत जग-अघ हरत तारन तरन।
गए तरि लै नाम केते, पतित, हरि-पुर धरन[2]।।
जासु पद-रज-परस गौतम-नारि-गति-उद्धरन।
जासु महिमा प्रगटि केवट, धोइ पग सिर धरन।।
कृष्न पद मकरंद पावन, और नहिं सरबरन[3]।
सूर भजि चरनार बिंदनि, मिटै जीवन मरन।।
२० (राग केदारौ)

---

[1] धन का घर बनाने वाली [2] श्री हरि का घर, वैकुंठ [3] बराबर, तुल्य

२. श्रीकृष्ण लीला

(१)

देवकी मन मन चकित भई।
देखहु आइ पुत्र मुख काहे न ऐसी कहुँ देखी न दई।।
सिर पर मुकुट पीत उपरैना[१], भृगु पद उर[२] भुज चारि धरै।
पूरब कथा सुनाइ कही हरि, तुम मांग्यो इहिं भेष करै।।
छोरे निगड़[३] सोवाए पहरू[४], द्वारे को कपाट उघर्‌यो।
तुरत मोहि गोकुल पहुंचावहु, यह कहि कै सिसु भेष धर्‌यौ
तब वसुदेव उठे यह सुनतहिं, हरषवंत नंद भवन गए।
बालक धरि लै सुरदेवी[५] कों, आइ सूर मधुपुरी ठए।।
२१ (राग बिहागरौ)

(२)

गोकुल प्रगट भए हरि आइ।
अमर उधारन असुर सँहारन, अंतरजामी त्रिभुवन राइ।।
माथैं धर बसुदेव जु ल्याए, नंद महर घर गए पहुंचाइ।
जागी महरि[६] पुत्र मुख देख्यो, पुलकि अंग उर में न समाइ।।
गदगद कंठ बोलि नहिं आवै, हरषवंत ह्वै नंद बुलाइ।
आवहु कंत देव परसन भए, पुत्र भयौ मुख देखौ धाइ।।
दौरि नंद गए सुत मुख देख्यौ, सो सुख मो पै बरनि न जाइ।
सूरदास पहले ही मांग्यो, दूध पियावन जसुमति माइ।।[७]
२२ (राग बिलावल)

---

[१] पीताम्बर, पीला उत्तरीय [२] श्रीविष्णु के वक्षस्थल पर दायीं ओर अंकित, अंगूठे के आकार का महर्षि भृगु का चरण चिह्न, इसे श्रीवत्स भी कहते है। [३] राजभवन में ही निर्मित बंदीगृह [४] पहरेदार [५] योगमाया, जिसने यशोदा के यहाँ जन्म लिया था। यही कंस के हाथ से छूट कर आकाश में चली गई थी। [६] नन्दरानी [७] पूर्व जन्म में यशोदा ने श्रीमन्नारायण से वरदान प्राप्त किया था कि वे उन्हें अपनी दूध पिलाएंगी।

(३)

आजु नंद के द्वारै भीर।
इक आवत इक जात बिदा ह्वै, इक ठाढ़े मंदिर के तीर।।
कोउ केसरि को तिलक बनावति, कोउ पहिरति कंचुकी सरीर।
एकनि कौं गौ दान समर्पत, एकनि कौं पहिरावत चीर।।
एकनि को भूषन पाटंबर, एकनि कौं जु देत नग हीर।
एकनि कौं पुहुपनि[१] की माला, एकनि कौं चंदन घसि नीर।
एकनि माथैं दूब[२] रोचना[३], एकनि को बोधति दै धीर।
सूरदास धनि स्याम सनेही, धन्य जसोदा पुन्य सरीर।।
२३ (राग धनाश्री)

(४)

जसोदा हरि पालनैं झुलावै।
हलरावै दुलराइ मल्हावै[४] जोइ सोइ कछु गावै।।
मेरे लाल को आउ निंदरिया काहें न आनि सुवावै।
तू काहें नहिं बेगहिं आवै तोकौं कान्ह बुलावै।।
कबहुँ पलक हरि मूंदि लेत हैं कबहुँ अधर फरकावैं।
सोवत जानि मौन ह्वै कै रहि करि करि सैन बतावै।।
इहि अंतर अकुलाइ उठे हरि जसुमति मधुरैं गावै।
जो सुख सूर अमर मुनि दुरलभ सो नंद भामिनि पावै।।
२४ (राग धनाश्री)

---

[१] पुष्पों की [२] दूर्वा, एक प्रकार की घास, जो मंगल अवसरों पर उपयोग में लाई जाती है [३] गोरोचन, गाय के मूत्र अथवा गाय के सिर से प्राप्त सुगन्धित पदार्थ, रोली [४] लाड़ लड़ाना, चुमकारना

(५)

रूप मोहिनी धरि ब्रज आई।
अद्भुत साजि सिगाँर मनोहर असुर कंस दै पान पठाई।।
कुच बिष बांटि लगाइ कपट करि बालघातिनी परम सुहाई।
बैठी हुती जसोदा मंदिर, दुलरावति सुत कुंवर कन्हाई।।
प्रगट भई तहं आइ पूतना प्रेरित काल अवधि नियराई।
आवत पीढ़ा बैठन दीनो कुसल बूझि अति निकट बुलाई।।
पौढ़ाए हरि सुभग पालनैं नंद घरनि कछु काज सिधाई।
बालक लियो उछंग[१] दुष्टमति हरषित अस्तन पान कराई।।
बदन निहारि प्रान हरि लीनो परी राच्छसी जोजन[२] ताईं।
सूरज दै जननी गति ताकौं कृपा करी निज धाम पठाई।।

२५ (राग धनाश्री)

(६)

नान्हरिया गोपाल लाल तू बेगि बड़ो किन होहि।
इहिं मुख मधुर बचन हँसिकै धौं जननि कहै कब मोहि।।
यह लालसा अधिक मेरें जिय जो जगदीस कराहिं।
मो देखत कान्हर इहिं आंगन पग द्वै धरनि धराहिं।।
खेलहिं हलधर संग रंग रुचि नैन निरखि सुख पाऊं।
छिन छिन छुधित जानि पय कारन हँसि हँसि निकट बुलाऊं।।
जाको सिव बिरंचि सनकादिक मुनिजन ध्यान न पाव।
सूरदास जसुमति ता सुतहित मन अभिलाष बढ़ाव।।

२६ (राग बिलावल)

---

[१] गोद [२] योजन, चार कोस

(७)

अति बिपरीत तृनावर्त आयो।
बातचक्र[१] मिस ब्रज ऊपर परि नंद पौरि[२] कें धायो।।
पौढ़े स्याम अकेले आँगन लेत उड़्यो आकास चढ़ायो।
अंधाधुंध भयो सब गोकुल जो जहं रह्यो सो तहीं छपायो।।
जसुमति धाइ आइ जो देखै स्याम स्याम कहि टेर लगायो।
धावहु नंद गोहारि[३] लगौ किन तेरो सुत अंधवाइ उड़ायो।।
इहि अंतर अकासतें आवत परबत सम कहि सबनि बतायो।
मार्‌यो असुर सिला ते पटक्यो आपु चढ़्यो ता ऊपर भायो।।
दौरे नंद जसोदा दौरी तुरतहिं लै सुत कंठ लगायो।
सूरदास यह कहति जसोदा ना जानौं बिधनहिं[४] का भायो।।
२७ (राग सूहौ)

(८)

सोभित कर नवनीत[५] लिए।
घुटरुनि चलत रेनु तन मंडित मुख दधि लेप किए।।
चारु कपोल लोल[६] लोचन गोरोचन तिलक दिए।
लट लटकनि मनु मत्त मधुप[७] गन मादक मधुहिं पिए।।
कठुला[८] कंठ बज्र केहरि नख राजत रुचिर हिए।
धन्य सूर एकौ पल इहिं सुख का सत कल्प जिए।।
२८ (राग बिलावल)

---

[१] बवंडर [२] नंद की पौड़ी/द्वार पर [३] करुण पुकार [४] बिधाता को [५] माखन [६] चंचल [७] भ्रमर [८] कंठहार

(९)

खीझत जात माखन खात।
अरुन लोचन भौंह टेढ़ी बार बार जँभात।।
कबहुँ रुनझुन चलत घुटरुनि धूरि धूसर गात।
कबहुँ झुकि कै अलक खैंचत नैन जल भरि जात।।
कबहुँ तोतर बोल बोलत कबहुँ बोलत तात।
सूर हरि की निरखि सोभा निमिष तजत न मात।।
२९ (राग रामकली)

(१०)

सिखवति[१] चलन जसोदा मैया।
अरबराइ[२] कर पानि गहावत[३] डगमगाइ धरनी धरै पैया[४]।।
कबहुंक सुंदर बदन बिलोकति उर आनँद भरि लेति बलैया।
कबहुंक कुल देवता मनावति चिरजीवहु मेरो कुंवर कन्हैया।।
कबहुंक बल[५] को टेरि बुलावत इहिं आंगन खेलौ दोउ भैया।
सूरदास स्वामी की लीला अति प्रताप बिलसत नँदरैया[६]।।
३० (राग बिलावल)

(११)

कहन लागे मोहन मैया मैया।
नंद महर सों बाबा बाबा अरु हलधर[७] सों भैया।।
ऊंचे चढ़ि चढ़ि कहति जसोदा लै लै नाम कन्हैया।

---

[१] सिखाती है [२] हड़बड़ाकर [३] अपने हाथ में कृष्ण का हाथ पकड़ लेती है [४] पाँव [५] बलराम [६] नंदराय [७] बलराम

दूरि खेलन जनि जाहु ललारे मारैगी काहू की गैया।।
गोपी ग्वाल करत कौतूहल घर घर बजति बधैया।
सूरदास प्रभु तुम्हरे दरस कों चरननि की बलि जैया।।
३१ (राग देवगंधार)

(१२)

कजरी[१] को पय पियहु लाल जासों तेरी बेनि[२] बढ़ै।
जैसें देखि और ब्रज बालक त्यों बल बैस[३] चढ़ै।।
यह सुनि कै हरि पीवन लागै ज्यों त्यों लयो लढ़ै[४]।
अचवत[५] पय तातो[६] जब लाग्यो रोवत जीभि डढ़ै[७]।।
पुनि पीवत हीं कच[८] टकटोरत[९] झूठहिं जननि रढ़ै[१०]।
सूर निरखि मुख हँसति जसोदा सो सुख उर न कढ़ै[११]।।
३२ (राग घनाश्री)

(१३)

मैया कबहिं बढ़ैगी चोटी।
किती बार मोहिं दूध पियत भइ, यह अजहूँ है छोटी।।
तू जो कहति बल की बेनी ज्यों, ह्वै है लांबी मोटी।
काढ़त[१२], गुहत[१३], न्हवावत[१४] जैहै नागिन सी भुइँ लोटी[१५]।।
काचो दूध पियावति पचि पचि[१६] देति न माखन रोटी।
सूरदास त्रिभुवन मनमोहन हरि हलधर की जोटी।।
३३ (राग रामकली)

---

[१] काली गाय [२] चोटी [३] वयस्, आयु [४] लाड़ लड़ा कर मना लेने पर [५] पीते ही [६] गरम [७] जलने पर [८] केश, बाल [९] टटोलने लगे [१०] आग्रह कर रही है [११] मन से नहीं निकलता [१२] कंघी करने से [१३] गूंथने से [१४] स्नान कराने से [१५] सर्पिणी सी पृथ्वी तक लटकने लगेगी [१६] ज़बर्दस्ती

(१४)

हरि अपनैं आंगन कछु गावत।
तनक तनक[१] चरनन सों नाचत मनहीं मनहिं रिझावत[२]।।
बाहँ उठाइ काजरी धौरी गैयनि टेरि बुलावत।
कबहुँक बाबा नंद पुकारत कबहुँक घर में आवत।।
माखन तनक[३] आपनैं कर लै तनक[४] बदन में नावत[५]।
कबहुँ चितै प्रतिबिंब खंभ[६] मैं लोनी लिए खवावत।।
दुरि[७] देखति जसुमति यह लीला हरष अनंद बढ़ावत।
सूर स्याम के बाल चरित नित नितही देखत भावत।।
३४ (राग रामकली)

(१५)

मैया री मैं चंद लहौंगो।
कहा करौं जलपुट[८] भीतर को बाहर ब्यौंकि[९] गहौंगो।।
यह तौ झलमलात झकझोरत कैसें कै जु लहौंगो।
वह तौ निपट निकटहीं देखत बरज्यौं[१०] हौं न रहौंगो।।
तुम्हरो प्रेम प्रगट मैं जान्यो बौराएं[११] न बहौंगो[१२]।
सूर स्याम कहै कर गहि ल्याऊँ ससि तन दाप[१३] दहौंगो[१४]।।
३५ (राग रामकली)

---

[१] छोटे छोटे [२] अपने आप ही अपने मन को रिझाते हैं। [३] थोड़ा सा [४] छोटे से [५] डाल लेते हैं [६] मणिमय खंभे में [७] छिप कर [८] जल से भरा बर्तन [९] उछलकर [१०] रोकने पर [११] बहकाने से [१२] बहकूंगा नहीं [१३] घमंड [१४] नष्ट कर दूंगा।

(१६)

जसुमति लै पलिका[१] पौढ़ावति[२]।
मेरो आजु अतिहि बिरुझानो[३] यह कहि कहि मधुरे सुर गावति॥
पौढ़ि गई हरुएं[४] करि आपुन अंग मोरि[५] तब हरि जँभुआने[६]।
कर सों ठोंकि सुतहिं दुलरावति चटपटाइ बैठे अतुराने॥
पौढ़ौ लाल कथा इक कहिहौं अति मीठी स्रवननि को प्यारी।
यह सुनि सूर स्याम मन हरषे पौढ़ि गए हँसि देत हुँकारी॥
३६ (राग के दारौ)

(१७)

मैया मोहि दाऊ बहुत खिझायो।
मोसों कहत मोल को लीन्हों तू जसुमति कब जायो॥
कहा करौं इहि रिस के मारें खेलन हौं नहिं जात।
पुनि पुनि कहत कौन है माता को है तेरो तात॥
गोरे नंद जसोदा गोरी तू कत स्यामल गात।
चुटकी दै दै ग्वाल नचावत हँसत सबै मुसुकात॥
तू मोहीं को मारन सीखी दाउहिं कबहुं न खीझै।
मोहन मुख रिस[७] की ये बातैं जसुमति सुनि सुनि रीझै॥
सुनहु कान बलभद्र चबाई[८] जनमत ही को धूत[९]।
सूर स्याम मोहिं गोधन की सौं हौं माता तू पूत॥
३७ (राग गौरी)

---

[१] शय्या [२] लिटाती है [३] खीझ गया [४] धीरे से [५] मोड़ कर [६] जम्हाई ली [७] क्रोध [८] चुगलखोर [९] धूर्त

(१८)

खेलन चलौ बाल गोबिन्द!
सखा प्रिय द्वारें बुलावत, घोष बालक बृन्द।।
तृषित हैं सब दरस कारन, चतुर! चातक दास।
बरषि छबि नव बारिधर[१] तन, हरहु लोचन प्यास।।
बिनय बचननि सुनि कृपानिधि, चले मनहर चाल।
ललित लघु-लघु चरन-कर उर बाहु नैन बिसाल।।
अजिर[२] पद-प्रतिबिंब[३] राजत[४], चलत उपमा पुञ्ज[५]।
प्रति चरन मनु हेम बसुधा, देति आसन कञ्ज।।[६]
सूर प्रभु की निरखि सोभा, सुर रहे अवलोकि।
सरद चंद चकोर मानौ, रहे थकित बिलोकि।।
३८ (राग रामकली)

(१९)

जेंवत[७] स्याम नंद की कनियां[८]।
कछुक खात कछु धरनि गिरावत, छबि निरखति नंद रनियां।।
बरी बरा बेसन बहु भांतिनि ब्यंजन बिबिध अगनियां[९]।
डारत खात लेत अपने कर रुचि मानत दधि दोनियां[१०]।।
मिस्री दधि माखन मिस्रित करि मुख नावत[११] छबि धनियां।
आपुन खात नंद मुख नावत सो छबि कहत न बनियां।।
जो रस नंद जसोदा बिलसत सो नहिं तिहूं भुवनियां।
भोजन करि नंद अचमन लीन्हों मांगत सूर जुठनियां।।
३९ (राग सारंग)

---

[१] मेघ [२] आंगन [३] चरणों की छाया [४] शोभा देती है [५] उपमाओं का समूह [६] इस पंक्ति में भाव यह है कि सोने की धरती पर चरण कमलों की छाया मानों चरणों को चलने के लिए आसन प्रदान कर रही है। [७] भोजन कर रहे है [८] गोद में [९] अगणित प्रकार के [१०] छोटे छोटे दोने [११] डालते है

(२०)

खेलत स्याम पौरि कें बाहर ब्रज लरिका संग जोरी।
तैसेइ आपु तैसेई लरिका अज्ञ सबनि मति थोरी।।
गावत हाँक देत किलकारत दुरि देखत नँदरानी।
अति पुलकित गदगद मुख बानी मन मन महरि सिहानी[१]।।
माटी लै मुख मेलि दई हरि तबहिं जसोदा जानी।
सांटी[२] लिए दौरि भुज पकर्‌यो स्याम लंगरई[३] ठानी।।
लरिकन कौ तुम सब दिन झुठवत मोसों कहा कहौगे?
मैया मैं माटी नहिं खाई, मुख देखे निबहौगे।।
बदन उघारि[४] दिखायो त्रिभुवन बनघन[५] नदी सुमेर[६]।
नभ ससि रवि मुख भीतर हीं सब सागर धरनी फेर[७]।।
यह देखत जननी मन ब्याकुल बालक मुख कहा आहि।
नैन उधारि बदन हरि मूंद्यो[८] माता मन अवगाहि[९]।।
झूठैं लोग लगावत मोकों, माटी मोहिं न सुहावै।
सूरदास तब कहति जसोदा ब्रज लोगनि यह भावै।।

४० (राग बिलावल)

(२१)

गए स्याम तिहिं ग्वालिनि के घर।
देख्यो द्वार नहीं कोउ इत उत, चितै चले तब भीतर।।
हरि आवत गोपी जब जान्यो, आपुन रही छपाइ।

---

[१] पुलकित हो रही हैं [२] छड़ी [३] ज़िद, हठ [४] मुख खोल कर [५] घने वन [६] सुमेरु पर्वत [७] सृष्टिचक्र [८] बंद कर लिया [९] मन की बात जान कर

सूनें सदन मथनियाँ के ढिग[१], बैठि रहे अरगाइ[२]॥
माखन भरी कमोरी[३] देखत, लै लै लागे खान।
चितै रहे मनि खंभ छांह तन, तासो करत सयान॥
प्रथम आज मैं चोरी आयो, भलो बन्यो है संग।
आपु खात प्रतिबिंब खवावत, गिरत कहत का रंग॥
जौ चाहौ सब देउं कमोरी अति मीठो कत डारत।
तुमहिं देत मैं अति सुख पायो तुम जिय कहा बिचारत॥
सुनि सुनि बात स्याम के मुख की उमँगि हँसी ब्रजनारी।
सूरदास प्रभु निरखि ग्वालि मुख तब भजि चले मुरारी॥
४१ (राग गौरी)

(२२)

चली ब्रज घर घरनि यह बात।
नंद सुत सँग सखा लीन्हें चोरि माखन खात॥
कोउ कहति मेरे भवन भीतर अबहिं पैठे धाइ।
कोउ कहति मोहिं देखि द्वारें उतहिं गए पराइ[४]॥
कोउ कहति किहि भाँति हरि कों देखौं अपने धाम।
हेरि माखन देउँ आछो खाइ जितनो स्याम॥
कोउ कहति मैं देखि पाऊँ भरि धरौं अँकवारि[५]।
कोउ कहति मैं बांधि राखौं को सकैं निरवारि[६]॥
सूर प्रभु के मिलन कारन करति बुद्धि विचार।
जोरि कर बिधि को मनावतिं पुरुष[७] नंदकुमार॥
४२ (राग कान्हरौ)

---

[१] समीप [२] चुपचाप [३] मटकी [४] भाग गए [५] भुजाओं में भरकर [६] छुड़ाना [७] पतिरूप में

(२३)

जो तुम सुनहु जसोदा गोरी।
नंदनँदन मेरे मंदिर में, आजु करन गए चोरी।।
हौं भइ जाइ अचानक ठाढ़ी, कह्यो भवन में कोरी।
रहे छपाइ सकुचि रंचक[१] ह्वै, भई सहज मति भोरी।।
मोहि भयो माखन पछितावो, रीती देखि कमोरी।
जब गहि बाहं कुलाहल कीनी, तब गहि चरन निहोरी[२]।।
लागे लेन नैन जल भरि भरि, तब मैं कानि[३] न तोरी।
सूरदास प्रभु देत दिनहिं दिन ऐसियै लरिक सलोरी[४]।।
४३ (राग गौरी)

(२४)

अनत सुत! गोरस कौ कत जात?
घर सुरभी[५], कारी[६], धौरी[७] को माखन माँगि न खात।।
दिन प्रति सबै उरहने[८] के मिस आवति हैं उठि प्रात।
अनलहते[९] अपराध लगावति बिकट बनावति बात।।
निपट निसंक बिबादतिं[१०] संमुख सुनि सुनि नंद रिसात।
मोसों कहति कृपन[११] तेरे घर ढोटाहू न अघात[१२]।।
करि मनुहार उठाइ गोद लै बरजति सुत को मात।
सूर स्याम नित सुनत उरहनो दुख पावत तेरो तात।।
४४ (राग नट)

---

[१] अंगों को सिकोड़ कर [२] खुशामद [३] संकोच, मर्यादा (अर्थात् इन्हें जाने दिया) [४] क्रीड़ा का सुख [५] गौएँ [६,७] गौओं के नाम [८] उलाहना [९] अनहोने [१०] झगड़ा करती हैं [११] कंजूस [१२] तेरे घर में तेरे पुत्र का भी पेट नहीं भरता।

(२५)

मैया! मैं नहिं माखन खायो।
ख्याल परै ये सखा सबै मिलि मेरैं मुख लपटायो॥
देखि तुही सींके पर भाजन[१] ऊँचे धरि लटकायो।
हौं जु कहत[२] नान्हें कर अपने मैं कैसें करि पायो॥
मुख दधि पोंछि बुद्धि[३] इक कीन्हीं दोना पीठि दुरायो।
डारि साँटि[४] मुसुकाइ जसोदा स्यामहिं कंठ लगायो॥
बाल बिनोद मोद मन मोह्यो भक्ति प्रताप दिखायो।
सूरदास जसुमति को यह सुख सिव बिरंचि[५] नहिं पायो॥
४५(राग रामकली)

(२६)

जसुमति रिस करि करि रजु करषै[६]।
सुत हित क्रोध देखि माता कैं मनहीं मन हरि हरषै॥
उफनत छीर जननि करि ब्याकुल इहिं बिधि भुजा छुड़ायो।
भाजन फोरि दही सब डार्‌यो माखन कीच मचायो॥
लै आई जेंवरि[७] अब बाधौं गरब[८] जानि न बंधायो।
अंगुर द्वै घटि होति सबनि सों पुनि पुनि और मंगायो॥
नारद साप भए जमलार्जुन[९] तिनकौं अब जु उधारौं।
सूरदास प्रभु कहत भक्त हित जनम जनम तनु धारौं॥
४६ (राग सोरठ)

---

[१] बर्तन [२] मैं कहता हूँ [३] चतुराई [४] छड़ी [५] ब्रह्मा [६] खींचती है [७] रस्सी [८] अहंकार [९] यमलार्जुनः कुबेर के पुत्र नल और कूबर जिन्हें देवर्षि नारद ने वृक्ष हो जाने का शाप दिया था और फिर कृपा करके कहा था कि द्वापर में श्रीकृष्ण तुम्हारा उद्धार करेंगे

(२७)

(एक गोपी यशोदा से--)

कब के बाँधे ऊखल दाम[१]।
कमल नैन बाहिर करि राखे तू बैठी सुख धाम।।
है निरदई दया कछु नाहीं लागि रही गृह काम।
देखि छुधा ते मुख कुम्हिलानो अति कोमल तन स्याम।।
छोरहु बेगि भई बड़ि बिरियां[२] बीति गए जुग जाम[३]।
तेरे त्रास निकट नहिं आवत बोलि सकत नहिं राम[४]।।
जन कारन भुज आप बँधाए बचन कियो रिषि ताम।
ताही दिन तें प्रगट सूर प्रभु यह दामोदर[५] नाम।।

४७ (राग सारंग)

(२८)

यह सुनि कै हलधर तहँ आए।
देखि स्याम ऊखल सो बांधे, तबहीं दोउ लोचन भरि आए।
मैं बरज्यो कै बार कन्हैया, भली करी दोउ हाथ बँधाए।
अजहूँ छाँड़ौगे लँगराई[६], दोउ कर छोरि जननि पै आए।।
स्यामहिं छोरि मोहि बांधै बरु, निकसत[७] सगुन भले नहिं पाए
मेरे प्रान जिवन धन कान्हा, तिन्ह के भुज मोहि बँधे दिखाए।।
माता सौं कहा करौं ढिठाई, सो सरूप कहि नाम सुनाए।[८]
सूरदास तब कहति जसोदा, दोउ भैया तुम इक मत पाए।।

४८ (राग सारंग)

---

[१] रस्सी [२] देर [३] दोपहर [४] बलराम [५] श्री कृष्ण का नाम, जिसके उदर में रस्सी बांधी गई हो [६] ऊधम मचाना [७] घर से निकलते समय [८] श्रीकृष्ण का वास्तविक (परब्रह्म) रूप बता कर उनका नाम सुनाया।

(२९)

(कुबेर-पुत्रों द्वारा स्तुति–)

धनि गोबिंद जो गोकुल आए।
धनि धनि नंद, धन्य निसि बासर, धनि जसुमति जिन श्रीधर जाए।।
धनि धनि बाल केलि जमुना तट, धनि बन सुरभी-बृंद[१] चराए।
धनि यह समौ[२], धन्य ब्रज बासी, धनि-धनि बेनु[३] मधुर धुनि गाए।।
धनि धनि अनख[४], उरहनौ धनि धनि, धनि माखन, धनि मोहन खाए।
धन्य सूर ऊखल तरु गोबिंद, हमहिं हेतु धनि भुजा बंधाए।।
४९ (राग बिलावल)

(३०)

मोहन! हौं तुम ऊपर वारी।
कंठ लगाइ लिए, मुख चूमति, सुंदर स्याम बिहारी।।
काहे कों ऊखल सों बांध्यो, कैसी मैं महतारी।
अतिहिं उतंग[५] बयारि[६] न लागत, क्यों टूटें तरु भारी।।
बारंबार बिचारति जसुमति, यह लीला अवतारी।
सूरदास स्वामी की महिमा, कापै जात बिचारी।।
५० (राग नट)

---

[१] गौओं का समूह [२] समय [३] वंशी [४] क्रोध [५] ऊंचे [६] हवा

(३१)

तनक कनक की दोहनी[१] दै दै री मैया।
तात दुहन सीखन कह्यो, मोहि धौरी गैया।।
अटपट आसन बैठि कै, गो-थन कर लीन्हो।
धार अनतही[२] देखि कै, ब्रजपति हँसि दीन्हों।।
घर घर ते आईं सबै, देखन ब्रजनारी।
चितै चतुर चित हरि लियो, हँसि गोप बिहारी।।
बिप्र बोलि आसन दियो, कह्यो बेद उचारी।
सूर स्याम सुरभी दुही, संतन हितकारी।।
५१ (राग बिलावल)

(३२)

आजु मैं गाइ चरावन जेहौं।
बृन्दावन के भाँति भाँति फल अपने कर मैं खेहौं।।
ऐसी बात कहौ जनि बारे देखौ अपनी भाँति।
तनक तनक पग चलिहौ कैसें आवत ह्वै है राति।।
प्रात जात गैया लै चारन घर आवत हैं साँझ।
तुम्हरो कमल बदन कुम्हिलैहै रेंगत[३] घामहिं[४] माँझ।।
तेरी सौं मोहि घाम न लागत भूख नहीं कछु नेक।
सूरदास प्रभु कह्यो न मानत पर्‍यो अपनी टेक।।
५२ (राग रामकली)

---

[१] दूध दुहने के लिए बर्तन [२] अन्यत्र [३] घूमते घूमते [४] धूप में

(३३)

आजु हरि धेनु चराए आवत।
मोर मुकुट बनमाल बिराजत पीतांबर फहरावत।।
जिहिं जिहिं भाँति ग्वाल सब बोलत सुनि स्रवनन मन राखत।
आपुन टेर लेत ताही सुर, हरषत पुनि पुनि भाषत।।
देखत नंद जसोदा रोहिनि, अरु देखत ब्रज लोग।
सूर स्याम गाइन संग आए, मैया लीन्हे रोग।।
५३ (राग गौरी)

(३४)

चरावत वृंदावन हरि धेनु।
ग्वाल सखा सब संग लगाए खेलत हैं करि चैनु।।
कोउ गावत कोउ मुरलि बजावत कोउ बिषान[१] कोउ बेनु।
कोउ निरतत[२] कोउ उघटि तार[३] दै जुरी ब्रज बालक सैनु।।
त्रिबिध पवन जहँ बहत निसादिन सुभग कुंज घन ऐनु[४]।
सूर स्याम निज धाम बिसारत आवत यह सुख लेनु।।
५४ (राग नटनारायन)

(३५)

हरि को टेरत फिरति गुवारि।
आइ लेहु तुम छाक[५] आपनी बालक बल बनबारि।।
आजु कलेऊ[६] करत बन्यो नहिं गैयन संग उठि धाए।

---

[१] सींग [२] नाचता है [३] ताल देना [४] अयन, निवास [५] दोपहर का भोजन [६] प्रातः काल का भोजन

तुम कारन बन छाक जसोदा मेरे हाथ पठाए।।
यह बानी जब सुनी कन्हैया दौरि गए तिहि काजु।
सूर स्याम कह्यों नीकें आई भूख बहुत ही आजु
५५ (राग सारंग)

(३६)

सुंदर स्याम सुँदर बर लीला, सुंदर बोलत बचन रसाल[१]।
सुंदर चारु कपोल बिराजत, सुंदर उर जु बनी बनमाल।।
सुंदर चरन सुँदर हैं नख मनि, सुंदर कुंडल हेम जराल[२]।
सुंदर मोहन नैन चपल किए, सुंदर ग्रीवा बाहु बिसाल।।
सुंदर मुरली मधुर बजावत, सुंदर हैं मोहन गोपाल।
सूरदास जोरी अति राजति, ब्रज कों आवत सुंदर चाल।।
५६ (राग कल्यान)

(३७)

(ब्रह्मा जी कहते हैं--)
माधौ! मोहिं करौ बृंदाबन रेनु।
जिहिं चरनन डोलत नंदनंदन, दिन प्रति बन बन चारत धेनु।।
कहा भयो यह देव देह धरि अरु ऊँचे पद[३] पाऐं ऐनु[४]।
सब जीवन लै उदर मांझ प्रभु महा प्रलय जल करत हौ सैनु[५]।।
हम तें धन्य सदा वे तृन द्रुम बालक बच्छ बिषानरु बेनु।
सूरस्याम जिनकें संग डोलत हँसि बोलत मथि पीवत फेनु।।
५७ (राग सारंग)

---

[१] मीठे [२] जटित [३] ऊंचा पद-ब्रह्मा का पद [४] ऊँचा निवास-ब्रह्मलोक [५] महाप्रलय के समय श्रीमन्नारायण समस्त सृष्टि को अपने उदर में समेट कर प्रलयाब्धि पर शयन करते हैं।

(३८)

धनि यह बृंदावन की रेनु।
नंदकिसोर चरावत गैयाँ, मुखहि बजावत बेनु॥
मनमोहन को ध्यान धरै जिय, अति सुख पावत चैन।
चलत कहाँ मन बसत पुरातन जहां कछु लेन न देनु॥
इहाँ रहहु जहँ जूठन पावहु, ब्रज बासिनि के ऐनु।
सूरदास ह्याँ की सरवरि[१] नहिं, कल्पबृच्छ सुरधेनु[२]॥
५८ (राग सारंग)

❖

[१] बराबर [२] कामधेनु

३. श्यामा श्याम मिलन

(१)

खेलत हरि निकसे ब्रजखोरी[१]।
कटि कछनी पीतांबर बांधे, हाथ लिए भौंरा-चकडोरी[२]॥
मोर मुकुट कुंडल स्त्रवननि बर, दसन दमक दामिनि छबि छोरी।
गए स्याम रवि तनया के तट, अंग लसत चंदन की खोरी॥
औचक[३] ही देखी तहँ राधा नैन बिसाल भाल दिए रोरी[४]।
नील बसन फरिया[५] कटि पहिरे बेनी पीठि रुलति झकझोरी[६]॥
संग लरिकिनी[७] चलि इत आवति दिन थोरी[८] अति छबि तन गोरी।
सूर स्याम देखत ही रीझें नैन नैन मिलि परी ठगोरी[९]॥
५९ (राग टोड़ी)

(२)

बूझत स्याम कौन तू गोरी।
कहाँ रहति काकी है बेटी देखी नहीं कहूँ ब्रज खोरी॥
काहे कों हम ब्रजतन[१०] आवतिं खेलति रहहिं आपनी पौरी।
सुनत रहतिं स्त्रवननि नँद ढोटा करत फिरत माखन दधि चोरी॥
तुम्हारो कहा चोरि हम लैहैं खेलन चलौ संग मिलि जोरी।
सूरदास प्रभु रसिक सिरोमनि बातनि भुरइ[११] राधिका भोरी॥
६० (राग टोड़ी)

---

[१] व्रज की गलियों में [२] भौंरा (लकड़ी का बना हुआ लट्टू जो डोरी लपेट कर फेंकने से घूमता है) और डोरी [३] अचानक [४] रोली [५] लहंगा [६] झूलती-लहराती है [७] सखियाँ [८] कमसिन, थोड़ी आयु वाली [९] ठगे से [१०] व्रज के भीतर [११] भ्रमित कर दिया, बहका दिया।

(३)

सैननि[१] नागरी समुझाइ।
खरिक[२] आवहु दोहनी लै यहै मिस छल लाइ[३]।।
गाइ गनती करन जैहैं मोहिं लै नँदराइ।
बोलि बचन प्रमान[४] कीन्हौ दुहुनि आतुरताइ।।
कनक बरन सुढार[५] सुंदरि सकुचि बदन दुराइ।
स्याम प्यारी नैन राँचै अति बिसाल चलाइ।।
गुप्त प्रीति न प्रगट कीन्ही हृदय दुहुनि छिपाइ।
सूर प्रभु के वचन सुनि सुनि रही कुँवरि[६] लजाइ।।
६१ (राग नट)

(४)

नंद बबा की बात सुनौ हरि।
मोहिं छाँड़ि जो कहूँ जाहुगे ल्याऊँगी तुमकों धरि।।
भली भई तुम्हैं सौपि गए मोहिं जान न दैहौं तुमकों।
बाहँ तुम्हारी नेंकु न छाँड़ौं महर[७] खीझिहैं हमकों।।
मेरी बाहँ छाँड़ि दै राधा करत उपरफट[८] बातैं।
सूर स्याम नागर नागरि सों करत प्रेम की घातैं[९]।।
६२ (राग नट)

---

[१] संकेतों से [२] गोशाला [३] बहाना करके [४] पक्का वचन [५] स्वर्णिम [६] श्रीराधाजी [७] नंदराय [८] ऊटपटांग [९] शरारतें

(५)

जननी कहति कहा भयो प्यारी।
अबहीं खरिक गई तू नीके आवत हीं भई कौन बिथा री।।
एक बिटनियाँ[१] सँग मेरे ही कारें[२] खाई ताहि तहाँ री।
मो देखत वह परी धरनि गिरि मैं डरपी अपनें जिय भारी।।
स्याम बरन इक ढोटा आयो यह नहिं जानति रहत कहाँ री।
कहत सुन्यो नँद को यह बारो, कछु पढ़ि के तुरतहिं उहि झारी[३]।।
मेरो मन भरि गयो त्रास में अब नीको मोहिं लगति ना री।
सूरदास अति चतुर राधिका यह कहि समुझाई महतारी।।
६३ (राग कान्हरो)

(६)

कुँवरि सो कहति बृषभानु घरनी[४]।
नेकु नहि घर रहति तोहि कितनों कहति रिसनि मोंहि दहति बन भई हरनी।।
लरिकिनी सबनि घर तोसी नहि कोउ निडर चलति नभ चितै नहिं तकति धरनी।
बड़ी करबर[५] टरी साँप सों ऊबरी बात कैं कहत तोहि लगति जरनी।।
लिखी मेटै कौन करै करता जौन सोई ह्वै है जु होनिहारि करनी।
सुता लइ उर लाइ तनु निरखि पछिताइ डर निगई कुम्हलाइ सूर बरनी।।
६४ (राग गौड़ मलार)

---

[१] लड़की [२] काले सांप ने [३] मंत्र पढ़ कर झाड़ना [४] वृषभानु की पत्नी कीर्तिदेवी, राधिका जी की माता [५] बला, संकट

(७)

खेलन कें मिस कुँवरि राधिका नंद महरि के आई हो।
सकुच सहित मधुरे करि बोली घर हौ कुँवर कन्हाई हो।।
सुनत स्याम कोकिल सम बानी निकसे अति अतुराई हो।
माता सों कछु करत कलह हे रिस डारी बिसराई हो।।
मैया री तू इनकों चीन्हति[1] बारंबार बताई हो।
जमुना तीर काल्हि मैं भूल्यों बाहं पकरि लै आई हो।।
आवति इहाँ तोहि सकुचति है मैं दै सौंह बुलाई हो।
सूर स्याम ऐसे गुन आगर नागरि[2] बहुत रिझाई हो।।
६५ (राग आसावरी)

(८)

देखि महरि मनहीं जु सिहानी[3]।
बोलि लई बूझति नँदरानी कहि मधुरे मधु बानी।।
ब्रज में तोहिं कहूँ नहिं देखी कौन गाउँ है तेरो।
भली काल्हि कान्हहिं गहि ल्याई भूल्यो तो सुत मेरो।।
नैन बिसाल बदन अति सुंदर देखत नीकी छोटी।
सूर महरि सबिता[4] सों बिनवति भली स्याम की जोटी।।
६६ (राग सूहो)

---

[1] पहचानती [2] नागरी, राधा जी [3] गद्‌गद, अति प्रसन्न [4] सूर्यनारायण

(९)

खेलौ जाइ स्याम संग राधा।
यह सुनि कुँवरि हरष मन कीन्हों मिटि गई अंतरबाधा[१]।।
जननी निरखि चकित रहि ठाढ़ी दंपति रूप अगाधा।
देखति भाव दुहुँनि को सोई जो चित करि अवराधा[२]।।
सँग खेलत दोउ झगरन लागे सोभा बढ़ी अगाधा।
मनहुँ तड़ित घन इंदु तरनि ह्वै बाल करत रस साधा[३]।।
निरखत बिधि भ्रमि भूलि पर्‌यौ तब मन मन करत समाधा[४]।
सूरदास प्रभु और रच्यो बिधि सोच भयो तन दाधा[५]।।

६७ (राग कल्याण)

(१०)

बूझति जननि[६] कहाँ हुती[७] प्यारी।
किन्ह तेरे भाल तिलक रचि कीनो, किहिं कच गूँदि माँग सिर पारी।।
खेलत रही नंद के आंगन, जसुमति कही कुँवरि ह्यॉं[८] आ री।
मेरो नाउँ बूझि बाबा को, तेरो बूझि दई हँसि गारी।।
तिल चाँवरी गोद करि दीनी फरिया[९] दई फारि नव सारी।
मो तन चितै चितै ढोटा तन कछु सबिता सों गोद पसारी।।
यह सुनि कै बृष-भानु मुदित चित हँसि हँसि बूझत बात दुलारी।
सूर सुनत रस सिंधु बढ़ायो अति दंपति एकै बात बिचारी।।

६८ (राग बिहागरो)

---

[१] मनोबाधा, संकोच [२] प्रसन्नता [३] मानों बिजली और बादल तथा चंद्र और सूर्य बाल रूप धारण करके खेल खेल में रस की सिद्धि कर रहे हों अर्थात् रस को चरम परिणिति तक पहुंचा रहे हों। [४] सोच विचार [५] जलन [६] राधाजी की माता [७] गई थी [८] यहाँ [९] ओढ़नी

(११)

उठी प्रातहीं राधिका दोहनि कर लाई।
महरि सुता सों तब कह्यो कहाँ चलि अतुराई॥
खरिक दुहावन जाति हौं तुम्हरी सेवकाई।
तुम ठकुराइनि घर रहौ मोहिं चेरी पाई॥
रीति देखी दोहनी कत खीझति धाई।
काल्हि[१] गई अवसेरि कै[२] ह्वाँ उठे रिसाई[३]॥
गाइ गईं सब प्याइ कै प्रातहिं नहि आई[४]।
ता कारन मैं जात हौं अति[५] करति चँड़ाई[६]॥
यह कहि जननी सों चली ब्रज को समुहाई[७]।
सूर स्याम गृह द्वारहीं गो करत दुहाई॥

६९ (राग बिलावल)

(१२)

प्रगटी प्रीति न रही छपाई
परी दृष्टि बृषभानु सुता की दोउ अरुझे[८] निखारि[९] न जाई॥
बछरा छोरि खरक कों दीन्हो आपु कान्ह तन सुधि बिसराई।
नोवत[१०] वृषभ निकसि गैया गइं हँसत सखा कह दुहत कन्हाई[११]॥
चारों नैन भए इक ठाहर[१२] मनहीं मन दुहुँ रुचि उपजाई।
सूरदास स्वामी रति नागर नागरि देखि गई नगराई[१३]॥

७० (राग सूहो)

---

[१] कल [२] देर से [३] (वहाँ अहीर) गुस्सा हो उठा था [४] गौएँ बछड़ों को सारा दूध पिला कर सवेरे ही चली गईं, अब तक लौटी नहीं। [५] जल्दी ही [६] चढ़ाई कर दूंगी [७] दौड़ चली [८] उलझ गए [९] सुलझाए [१०] बांधना [११] सखा कहते हैं कन्हैया बैल को दुह रहे हैं [१२] ठहर जाना, एकाकार हो जाना [१३] चतुराई

(१३)

दूध दोहनी लै री मैया।
दाऊ टेरत सुनि मैं आऊँ तब लौं कर बिधि घैया[१]॥
मुरली, मुकुट, पितांबर दै मोहिं लै आई महतारी।
मुकुट धर्‌यो सिर कटि पीतांबर मुरली कर लियो धारी॥
राधा राधा कहि मुरली मैं खरिकहिं लई बुलाइ।
सूरदास प्रभु चतुर सिरोमनि ऐसी बुद्धि उपाइ॥
७१ (राग रामकली)

(१४)

सैन दै प्यारी लई बुलाइ।
खेलन को मिस करि कै निकसे खरिकहिं गए कन्हाइ॥
जसुमति कों कहि प्यारी निकसी घर को नाउं सुनाइ[२]॥
कर दोहनी लिए तहं आई जहं हलधर के भाई॥
तहाँ मिलीं सब संग सहेली कुँवरि कहाँ तू आई।
प्रातहिं धेनु दुहावन आई अहिर तहाँ नहिं पाई॥
तबहिं गई मैं ब्रज उतावली आई ग्वाल बुलाइ।
सूरस्याम दुहि देन[३] कह्यौ सुनि राधा गई मुसुकाइ॥
७२ (राग गूजरी)

---

[१] दूध में उठे झागों को इकट्ठा करके घैया तैयार किया जाता है। [२] घर जाने का नाम लेकर
[३] श्याम सुंदर ने कहा कि दूध दुह देता हूं

(१५)

मोहन कर तें दोहनि लीन्ही गो पद बछरा जोरे।
हाथ धेनु थन बदन तिया तन[१] छीर छींटि छल छोरे[२]।।
आनन रही ललित पय छींटें छाजति[३] छबि तृन तोरे[४]।
मनौ निकसे निकलंक कलानिधि[५] दुग्ध-सिंधु[६] मथि[७] बोरे[८]।।
दै घूंघट पट ओट नील हँसि कुँवरि मुदित मुख मोरे।
मनहुँ सरद ससि[९] कों मिलि दामिनि[१०] घेरि लियो घन[११] धोरे।।
इहिं बिधि हरसत बिलसत दंपति हेत हियें नहिं थोरे।
सूर उमँगि आनन्द सुधानिधि मनु बेला[१२] बल[१३] फोरे।।
७३ (राग देवगंधार)

(१६)

चलनि चहति पग चलैं न घर कों।
छाँड़त बनत नहीं कैसे हूँ मोहन सुंदर बर कों।।
अंतर नेंकु करौं नहि कबहूँ सकुचति हौं पर नर कों।
कछु दिन जैसें तैसें खोऊं दूरि करौं पुनि डर कों।।
मन में यह बिचारि करि सुंदरि चली आपने पुर कों।
सूरदास प्रभु कह्यो जाहु घर घात कर्‌यो नख उर कों।।
७४ (राग बिलावल)

---

[१] स्त्री (राधा) के शरीर की ओर [२] कभी कभी दूध के छींटे शररत से राधा पर डाल देते थे [३] शोभित [४] नज़र उतारना [५] चन्द्रमा [६] क्षीरसागर [७] मंथन करके [८] डूबा हुआ [९-११] यहाँ राधा जी के मुख को शरच्चन्द्र, मुस्कराते हुए उनकी दंत पंक्ति को बिजली और घूंघट को बादलों की उपमा दी गई है। [१२] उठती हुई लहरें, ज्वार [१३] सीमा

(१७)

मोहि लई नैननि की सैन[१]।
स्रवन सुनत सुधि बुधि बिसरी हौं लुबधी[२] मोहन मुख बैन।।
आवत हुते कुमार खरिक तें तब अनुमान कियो सखि मैंन।
निरखत अंग अधिक रुचि उपजी नख सिख सुंदरता को ऐन।।
मृदु मुसुक्यानि हर्‌यो मन को मनि[३] तब ते तिल न रहति चित चैन।
सूर स्याम यह बचन सुनायो मेरी धेनु कही दुहि दैन[४]।।
७५ (राग सारंग)

(१८)

नंद सुवन गारुड़ी[५] बुलावहु।
कह्यो हमारो सुनत न कोऊ, तुरत जाहु लै आवहु।।
ऐसो गुनी नहीं त्रिभुवन कहुँ हम जानति हैं नीके।
आइ जाइ तौ तुरत जियावहि नेंकु छुवत उठै जी के।।
देखे धौं यह बात हमारी एकहि मंत्र जिवावै।
नंद महर को सुत सूरज जौ कैसे हुँ ह्याँ लौं आवै।।
७६ (राग आसावरी)

---

[१] इशारा [२] मुग्ध [३] मन की मणि , हृदय का धन, प्रेम [४] श्यामसुंदर ने स्वयं ही मेरी गाय को दुह देने का वचन सुनाया [५] झाड़ फूंक करने वाला, स्याना, ओझा

(१९)

बेगि चलौ प्रिय कुँवर कन्हाई।
जा कारन तुम यह बन सेयो[१] सो तिय[२] मदन भुअंगम खाई।।
नैन सिथिल सीतल नासापुट अंग तपति कछु सुधि न रहाई।
सकसकात[३] तन भीजि पसीना उलटि पलटि तन तोरि जम्हाई।।
अनजानत मूरनि[४] को जित तित उठि दौरीं जिनि जहाँ बताई।
ताहि कछू उपचारि न लागत कर मीड़ैं[५] सहचरि पछताई।।
तुम दरसन इक बार मनोहर यह औषधि इक सखी लखाई।
जो पै सूर जिवायो चाहत तो ताकौं अब देहु दिखाई।।
७७ (राग धनाश्री)

(२०)

नीकें बिषहिं उतार्‌यो स्याम।
बड़े गारुड़ी अब हम जाने संगहिं रहत सु काम[६]।।
ऐसो मंत्र कहाँ तुम पायो बहुत कियो यह काम।
मरी आनि राधिका जिवाई टेरत एकहि नाम।।
हम समझीं यह बात तुम्हारी जाहु आपनें धाम।
सूर स्याम मनमोहन नागर हँसि बस कीन्हीं बाम[७]।।
७८ (राग रामकली)

---

[१] बैठे हो, प्रतीक्षा कर रहे हो [२] स्त्री-राधा [३] जल रहा है [४] जड़ी-बूटियां [५] हाथ मल मल कर
[६] काम से ही [७] स्त्री-गोपी

४. रासेश्वरी-रसराज

(१)

सुनहु हरि मुरली मधुर बजाई।
मोहे सुर नर नाग निरंतर ब्रज बनिता उठि धाई।।
जमुना नीर प्रवाह थकित भयो पबन रह्यो मुरझाई।
खग मृग मीन अधीन भए सब अपनी गति बिसराई।।
द्रुम बेली अनुराग पुलक तनु ससि थक्यो निसि न घटाई।
सूर स्याम बृंदावन बिहरत चलहु सखी सुधि पाई।।
७९ (राग बिहागरो)

(२)

आजु बन बेनु बजावत स्याम।
यह कहि कहि चक्रित भईं गोपी सुनत मधुर सुर ग्राम।।
कोउ ज्यौनार[१] करति कोउ बैठी कोउ ठाड़ी[२] ही धाम।
कोउ जेंवति कोउ पतिहि जिंवावति कोउ सिंगार में बाम।।
मनौ चित्र कैसी लिखि काढ़ीं सुनत परस्पर नाम।
सूर सुनत मुरली भईं बौरी मदन कियो तन ताम।।
८० (राग केदारौ)

---

[१] रसोई [२] खड़ी

(३)

घर घर तें निकसीं ब्रजबाला।
लीन्हें नाम जुबति जन जन के मुरली में सुनि सुनि ततकाला।।
इक मारग इक घर तें निकरीं इक निकरतिं इक भईं बिहाला।
एक नाहिं भवननि तें निकरीं तिन पैं आए परम कृपाला।।
यह महिमा बेई पै[१] जानैं कबि सों कहा बरनि यह जाई।
सूर स्याम रस रास रीति सुख बिनु देखे आवै क्यों गाई।।
८१ (राग सूही बिलावल)

(४)

देखि स्याम मन हरष बढ़ायो।
तैसिऐं सरद चांदनी निर्मल तैसोइ रासरंग उपजायो।।
तैसिऐं कनक बरन सब सुंदरि इहि सोभा पर मन ललचायो।
तैसिऐं हंस सुता[२] पबित्र तट तैसोई कल्पवृक्ष सुखदायो।।
करौ मनोरथ पूरन सबके इहिं अंतर[३] इक खेल उपायो।
सूर स्याम रचि कपट चतुरई[४] जुबतिनि कें मन यह भरमायो।।
८२ (राग सूही बिलावल)

(५)

(गोपियों से श्रीकृष्ण कहते हैं–)
यह जुबतिनि को धरम न होइ।
धिक् सो नारि पुरुष जो त्यागै, धिक् सो पति जो त्यागै जोइ।।

---

[१] परन्तु [२] यमुना [३] इन के बीच [४] श्याम सुंदर ने कपट लीला रचाई

पति को धर्म यहै प्रतिपालै, जुबती सेवा ही को धर्म।
जुबती सेवा तऊ न त्यागै, जो पति करै कोटि अपकर्म।।
बन मैं रैन बास नहिं कीजै देख्यो बन बृंदाबन आइ।
बिबिध सुमन सीतल जमुना जल त्रिबिध[१] समीर परस[२] सुखदाइ।।
घर में ही तुव धर्म सदाई, सुत पति दुखित होत तुम जाहु।
सूर स्याम यह कहि परबोधत, सेवा करहु जाइ घर नाहु[३]।।

८३ (राग सूही बिलावल)

(६)

(गोपियाँ कहती हैं--)

कैसें हमको ब्रजहिं पठावत।
मन तो रह्यौ चरन लपटान्यो, जो इतनी यह देह चलावत।।
अटके नैन माधुरी मुसुकनि, अमृत बचन स्त्रबननि को भावत।
इंद्री सबै मनहिं के पाछे, कहौ धर्म कहि कहा बतावत।।
इनकों करि लीन्हें अपने तुम, तौ क्यों हम नाहीं जिय भावत।
सूर सैन[४] दै सरबस लूट्यो मुरली लै लै नाम बुलावत।।

८४ (राग बिहागरो)

(७)

रास मंडल बने स्याम स्यामा।
नारि दुहुँ पास गिरिधर बने दुहुँनि बिच ससि सहस बीस द्वादस[५] उपामा।।
मुकुट की छबि निरखि कहा उपमा कहौं बैन जानै नहीं नैन जानै।

---

[१] शीतल, मंद, सुगंधित [२] स्पर्श [३] पति [४] संकेत [५] बीस+द्वादश सहस्त्र= ३२०००, १६००० गोपियाँ, १६००० कृष्ण; इनके मुखमंडल ३२००० चंद्रमाओं के समान शोभा पा रहे हैं।

सुभग नव मेघ ता बीच चपला चमक निरखि नृत्यत हरष मोर मानै॥
करत आनंद पिय संग ललना पुंज बढ़त रस रंग छिन छिनहिं औरै।
सूर प्रभु रास रस नागरी मध्य दोउ परसपर नारि पति मनहिं चोरै॥
८५ (राग गुंडमलार)

(८)

नृत्यत हैं दोउ स्यामा स्याम।
अंग मगन प्रिय तें प्यारी अति[१] निरखि चकित ब्रजबाम॥
तिरप लेत[२] चपला सी चमकति झमकत भूषन अंग।
या छबि पर उपमा कहुँ नाहीं निरखत बिबस अनंग॥
श्री राधिका सकल गुन पूरन जाके स्याम अधीन।
सँग ते होत नहीं कहुँ न्यारे भए रहत अति लीन॥
रस समुद्र मानौ उछलित भयो सुंदरता की खानि।
सूरदास प्रभु रीझि थकित भए कहत न कछू बखानि॥
८६ (राग बिहागरो)

(९)

मुरली सुनत अचल चले।
थके चर जल झरत पाहन, बिफल बृच्छहु फले॥
पय स्रवत गोधननि थनतें, प्रेम पुलकित गात।
झुरे द्रुम अंकुरित पल्लव, ब्रिटप चंचल पात॥

[१] प्रियतम को अत्यंत प्रिय होने के अनुभव से राधा जी का अंग अंग मग्न है। [२] घूम घूम कर

सुनत खग मृग मौन साध्यो, चित्र की अनुहारि।
धरनि उमँगि न माति उरमें, जती जोग बिसारि॥
ग्वाल गृह गृह सबै सोवत, सोइ साज सुभाइ।
सूर-प्रभु रस रास के हित, सुखद रैनि बढ़ाइ॥
८७ (राग केदारौ)

(१०)

गरब भयो ब्रजनारि को तबहीं हरि जाना।
राधा प्यारी संग लिए भए अंतरधाना॥
गोपिन हरि देख्यो नहीं तब सब अकुलाई।
चकित होइ पूछन लगीं कहं गए कन्हाई॥
कोउ मर्म जानै नहीं ब्याकुल सब बाला।
सूर स्याम ढूंढति फिरैं जित तित ब्रजबाला॥
८८ (राग रामकली)

(११)

तब नागरि जिय गर्ब बढ़ायो।
मो समान तिय और नहीं कोउ गिरिधर मैं ही बस करि पायो॥
जोइ जोइ कहति करत पिय सोइ सोइ मेरे ही हित रास उपायो।
सुंदर चतुर और नहिं मोसी देह धरे को भाव जनायो॥
कबहुँक बैठि जाति हरि कर धरि कबहुँ कहति मैं अति स्रम पायो।
सूर स्याम गहि कंठ रही तिय कंध चढ़ौं यह बचन सुनायो॥
८९ (राग सूही)

(१२)

तब हरि भए अंतरधान।
जब कियो मन गर्ब प्यारी कौन मोसी आन।।
अति चकित भई चलत मोहन चलि न मो पैं जाइ।
कंठ भुज गहि रही यह कहि लेहु कंध चढ़ाइ।।
गए संग बिसारि रस में बिरस कीन्हों बाल।
सूर प्रभु दुरि चरित देखत तुरत भई बिहाल।।
९० (राग बिहागरो)

(१३)

राधे भूलि रहि अनुराग।
तरु तर रुदन करति मुरझानि ढूंढि फिरी बन बाग।।
कबरी[१] ग्रस्त सिखंडी[२] अहि-भ्रम[३] चरन सिलीमुख[४] लाग।
बानी मधुर जानि पिक बोलति कदम[५] करारत[६] काग।।
कर पल्लव किसलय कुसुमाकर[७] जानि ग्रसत भए कीर[८]।
राका चंद[९] चकोर जानि कै पिबत नैन कोनीर।।
बिहबल बिकल जानि नँदनंदन प्रगट भए तिहिं काल।
सूरदास प्रभु प्रेमांकुर उर लाय लई भुज माल।।
९१ (राग बिहागरो)

---

[१] काली चोटी [२] मोर [३] सांप समझ कर (सांप मोर का आहार है) [४] कमल (भंवरा चरणों को कमल समझ कर मंडराने लगा है)। [५] कदम्ब वृक्ष [६] काँव काँव करना [७] वसंत के पुष्प [८] तोता [९] पूर्णचन्द्र

(१४)

मोहन अद्भुत रच्यो रास।
संग मिलि बृषभानु तनया गोपिका चहुँ पास।।
एक ही सुर सकल मोहे मुरलि सुधा प्रकास।
जलहु थल के जीव थकि रहे मुनिनि मनहिं उदास।।
थकित भयो समीर सुनि के जमुन उलटी धार।
सूर प्रभु ब्रजबाम[१] मिलि बन निसा करत बिहार।।
९२ (राग नट)

(१५)

नेह-कलां ब्युतपन्न[२] परस्पर देखत लज्जित काम।।
जा फल को ब्रजनारि कियो ब्रत सो फल सबहिनि दीन्हो।
मनकामना भई परिपूरन सबहिनि मान जो लीन्हो।।
राग रागिनी प्रगट दिखायो गायो जो जिहि रूप।
सप्त सुरन के भेद बतावत नागरि[३] रूप अनूप[४]।।
अतिहिं सुघर पिय को मन मोहित अपबस[५] करति रिझावति।
सूर स्याम मोहिनि मूरति को बार बार उर लावति।।
९३ (राग बिहागरो)

---

[१] ब्रजस्त्रियाँ [२] निमग्न [३] चतुर तरुणियाँ [४] (सात सुरों के) अनेक प्रकार के अनुपम रूपों (और भेदों) को समझाती है [५] अपने वश में

(१६)

जल क्रीड़ा सुख अति उपजायो।
रास रंग मन तें नहिं भूलत वहै भेद[१] मन आयो।।
जुबती कर कर जोरि मंडली स्याम नागरी बीच।
चंदन अंग कुंकुमा छूटत जल मिलि तट भई कीच।।
जो सुख स्याम करत जुबतिनि सँग सो सुख तिहुँ पुर नाहीं।
सूर स्याम देखत नारिनि कों रीझि रीझि लपटाहीं।।
९४ (राग कान्हरो)

(१७)

ठाढ़े स्याम जमुना तीर।
धन्य पुलिन पबित्र पावन जहाँ गिरिधर धीर।।
जुबति बनि बनि भईं ठाढ़ी और पहिरे चीर।
राधिका सुख स्याम दायक कनक बरन सरीर।।
लाल चोली नील उड़िया[२] संग जुबतिनि भीर।
सूर प्रभु छबि निरखि रीझे मगन भयो मन कीर।
९५ (राग रामकली)

---

[१] रात्रि में किए गए रास रंग का रहस्य [२] ओढ़नी

(१८)

ब्रज जुबती रस रास पगीं।
कियो स्याम सब को मन भायो निसि रति रंग जगीं।।
पूरन ब्रह्म अकल अबिनासी सबनि संग सुख चीन्हों।
जितनी नारि भेष भए तितने भेद न काहू कीन्हों।।
वह सुख टरत न काहूं मन तें पति हित साध पुराई[१]।
सूर स्याम दूलह सब दुलहिनि निसि भाँवर दै आईं।।
९६ (राग जैतश्री)

(१९)

मैं कैसे रस रासहिं गाऊँ।
श्री राधिका स्याम की प्यारी कृपा बास ब्रज पाऊँ।।
आन देव सपनेहुँ नहिं जानौं दंपति कों सिर नाऊँ।
भजन प्रताप चरन महिमा तें गुरु की कृपा दिखाऊँ।।
नव निकुंज बन धाम निकट इक आनँद कुटी रचाऊँ।
सूर कहा बिनती कर बिनवै जनम जनम यह ध्याऊँ।।
९७ (राग घनाश्री)

---

[१] श्रीकृष्ण को पति रूप में पाने की कामना पूर्ण हुई।

(२०)

रास रस लीला गाइ सुनाऊँ।
यह जस कहै सुनै मुख स्रवननि तिहि चरनन सिर नाऊँ।।
कहा कहौं बक्ता स्रोता फल इक रसना क्यों गाऊँ।
अष्टसिद्धि नवनिधि सुख संपति लघुता करि दरसाऊँ।।
हरि जन दरस हरिहिं सम बूझै अंतर निकट हैं ताकें।
सूर धन्य तिहिं के पितु माता भाव भगति है जाकें।।
९८ (राग बिहागरो)

५. विरही-व्रज

(१)

(कृष्ण-बलराम को मथुरा छोड़ कर लौटे नंद से यशोदा—)

दोउ ढोटा गोकुल नायक मेरे।
काहें नंद छाँड़ि तुम आए प्रान जिवन सब केरे।।
तिनकें जात बहुत दुख पायो रोर[१] परी इहिं खेरे[२]।
गोसुत गाइ फिरत हैं दहुँ[३] दिसि वै न चरैं तृन घेरे।।
प्रीति न करी राम दसरथ की प्रान तजे बिनु हेरें।
सूर नंद सों कहति जसोदा प्रबल पाप सब मेरें।।

९९ (राग मलार)

(२)

जद्यपि मन समुझावत लोग।
सूल होत नवनीत देखि मेरे मोहन के मुख जोग।।
निसि बासर छतियाँ लै लाऊं बालक लीला गाऊँ।
वैसे भाग बहुरि कब ह्वै हैं मोहन मोद खवाऊँ।।
जा कारन मुनि ध्यान धरैं सिव अंग बिभूति लगावैं।
सो बालक लीला धरि गोकुल ऊखल साथ बधावैं।।
बिदरत नहिं ब्रज को हिरदै हरि वियोग क्यों सहिए।
सूरदास प्रभु कमललयन बिनु कौने बिधि ब्रज रहिऐ।।

१०० (राग बिलावल)

---

[१] शोर [२] गाँव [३] दसों

(३)

(पंथी द्वारा यशोदा का कृष्ण को संदेश--)

मेरे कान्ह कमल दल लोचन।
अबकी बेर बहुरि फिरि आवहु कहा लगे जिय सोचन।।
यह लालसा होति मेरें जिय बैठी देखत रैहौं।
गाइ चरावन कान्ह कुँवर सों बहुरि न कबहूँ कैहौं।।
करत अन्याव[१] न बरजौं कबहूं अरु माखन की चोरी।
अपने जियत नैन भरि देखौं हरि हलधर की जोरी।।
दिवस चारि मिलि जाहु साँवरे कहियो यहै संदेसो।
अब की बेर आनि सुख दीजै सूर मिटाइ अंदेसो[२]।।

१०१ (राग सोरठ)

(४)

(गोपियों का विरह--)

अब वै बातैं उलटि गईं।
जिन बातनि लागत सुख आली, तेऊ दुसह भईं।।
रजनी स्याम स्याम सुंदर सँग अरु पावस[३] की गरजनि।
सुख समूह की अवधि[४] माधुरी पिय रसबस की तरजनि[५]।।
मोर पुकार गुहार कोकिला अलि गुंजार सुहाई।
अब लागति पुकार दादुर सम बिन हीं कुँवर कन्हाई।।
चंदन चंद समीर अगिन सम तनहिं दैव दव लाई।
कालिंदी अरु कमल कुसुम सब दरसन ही दुखदाई।।
सरद बसंत सिसिर अरु ग्रीषम हिम रितु की अधिकाई।
पावस जरैं सूर के प्रभु बिनु तरफत रैनि बिहाई।।

१०२ (राग मलार)

---

[१] अन्याय, अनीति [२] आशंका [३] बरसात [४] सीमा [५] प्रेम भरी डाँट

(५)

कहा दिन ऐसे ही चलि जैहैं।
सुनि सखि मदन गुपाल आँगन में ग्वालनि संग न ऐहैं।।
कबहूँ जात पुलिन जमुना के बहु बिहार बिधि खेलत।
सुरति[१] होत सुरभी संग आवत पुहुप गहे कर झेलत[२]।।
मृदु मुसुकानि आनि राख्यो जिय चलत कह्यो है आवन।
सूर सुदिन कबहूँ तौ ह्वै है मुरली सब्द सुनावन।।
१०३ (राग सोरठ)

(६)

निसि दिन बरषत नैन हमारे।
सदा रहति बरषा रितु हम पर जब तें स्याम सिधारे।।
दृग अंजन न रहत निसि बासर कर कपोल भए कारे।
कंचुकि पट सूखत नहिं कबहूँ उर बिच बहत पनारे[३]।।
आँसू सलिल भई सब काया पल न जात रिस[४] टारे।
सूरदास प्रभु यहै परेखो[५] गोकुल काहें बिसारे।।
१०४ (राग मलार)

---

[१] चेतना, याद [२] उछालते है [३] परनाले [४] रिसना, छोटे छिद्रों से छन छन कर बहना [५] जाँचो, सच बताओ

(७)

जब ते बिछुरे कुंज बिहारी।
नींद न परै घटै नहिं रजनी बिथा बिरह जुर[१] भारी।।
सरद रैनि नलिनी दल सीतल जगमग रही उजियारी।
रवि किरनन ते लागति ताती इहि सीतल ससि जारी।।
स्रवननि सबद सुहाइ न सखि री पिक चातक द्रुम डारी।
उर तें सखी दूर करि हारहिं कंकन धरहिं उतारी।।
सूर स्याम बिनु दुख लागत है कुसुम सेज करि न्यारी[२]।
बिलखि बदन बृषभानुनंदिनी करि बहु जतन जु हारी।।
१०५ (राग केदारो)

(८)

ब्रज पर सजि पावस दल आयो।
धुरबा-धुंध[३] उठी दसहूँ दिसि गरज निसान बजायो।।
चातक मोर इतर[४] पैदर-गन[५] करत अवाजैं कोयल।
स्याम घटा गज असनि[६] बाजि रथ बिच बगपाँति[७] सँजोयल[८]।।
दामिनी कर करबाल[९] बूंद सर इहिं बिधि साजे सैन[१०]।
निधरक भयो चल्यो ब्रज आवत अग्र फौजपति मैन[११]।।
हम अबला जानिऐ तुमहिं बल कहौ कौन बिधि कीजै।
सूर स्याम अब कैं इहि अवसर आनि राखि ब्रज लीजै।।
१०६ (राग मलार)

---

[१] ज्वर [२] अलग करके, हटा कर [३] बादलों के कारण छाया हुआ अंधेरा [४] अन्य [५] पैदल सेना [६] बिजली, वज्र [७] बगुलों की पंक्ति [८] सुसज्जित [९] तलवार [१०] सेना [११] मदन, कामदेव

(९)

घटा मधुबन पर बरषै जाइ।
हरि घनस्याम बिना सब बिरहिनि बेलि गईं कुम्हिलाइ।।
उग्र तेज जनु भानु तपत ससि ब्याकुल मन अकुलाइ।
करैं कहा उपचार सखी री नेंकु न तपनि बुझाइ।।
कमलनयन की सुरति जु आवत तबहिं उठति तन ताइ[१]।
सूर सुमिरि गुन स्याम सुँदर के सखी रहीं मुरझाइ।।
१०७ (राग मलार)

(१०)

सरद समैहू स्याम न आए।
को जानै काहे तें सजनी किहि बैरिनि बिरमाए[२]।।
अमल अकास कास[३] कुसुमित छिति लच्छन स्वच्छ जनाए।
सर सरिता सागर जल उज्जवल अलि कुल कमल सुहाए।।
अहि मयंक[४] मकरंद[५] कंज अलि दाहक गरल जिबाए।
प्रीतम रंग संग मिलि सुंदरि रचि सचि[६] सीचि सिराए[७]।।
सूनी सेज तुषार[८] जमत चिर बिरह सिंधु उपजाए।
अब गइ आस सूर मिलिबे की भए ब्रजनाथ पराए।।
१०८ (राग मारू)

---

[१] तपना [२] रोक लेना [३] एक प्रकार की घास [४] चंद्रमा [५] फूलों का रस [६] इकट्ठा करके, संभाल कर रखना [७] ठंडा होना [८] पाला

६. उद्धव* व्रज में

(१)

(श्रीकृष्ण उद्धव से--)

ऊधौ बेगिहीं ब्रज जाहु।
सुति संदेस सुनाइ मेटौ बल्लभिनि[1] को दाहु।।
काम पावक तूल तन में बिरह स्वास समीर।
जरि भसम नहिं होन पावै लोचननि के नीर।।
आजु लौं इहि भाँति हैं वै कछुक सजग सरीर।
इते पर बिनु समाधनहिं क्यों धरैं तिय धीर।।
बार बार कहा कहौं तुम सखा साधु प्रबीन।
सूर सुमति बिचारिऐं जिहिं जिऐं जल बिनु मीन।।
१०९ (राग सारंग)

(२)

जसुमति करति मोकों हेत।
सुनौ ऊधौ कहत बनत न नैन भरि भरि लेत।।
दुहुँनि[2] को कुसलात कहियौ तुमहिं भूलत नाहिं।
स्याम हलधर सुत तुम्हारे और के न कहाहिं।।
आइ तुम को धाइ मिलिहैं कछुक कारज और।
सूर हमको तुम बिना सुख को नहीं कहुं ठौर।।
११० (राग सारंग)

---

* उद्धव उपंग के पुत्र थे। कहीं कहीं इन्हें देव भाग और कंसा का पुत्र कहा गया है। ये श्रीकृष्ण के अभिन्न मित्र और उन्हीं से मिलते जुलते स्वरूप के थे। इन्हें जीव ब्रह्म की एकता और अद्वैत ब्रह्म का गहरा अनुभव था। इस के कारण इन्हें अभिमान हो गया था। गोपियों को उपदेश देने के बहाने, इनका अभिमान दूर करने के लिए श्रीकृष्ण ने इन्हें व्रज भेजा था। [1] प्यारी गोपिकाओं का
[2] हम दोनों की

(३)

कही हरि ऊधौं सों ब्रज प्रीति।
वै लै चले जोग गोपिनि कों तहां करन बिपरीति।।
तुरत अंक भरि रथहिं चढ़ायो बिनै कह्यो करि ताहि।
बिरह जंजाल मेटि गोपिनि को आवहु काज निबाहि।।
लै रज चरन सीस बंदन करि ब्रज रैहौं दिन द्वैकु।
सूरज प्रभु श्रीमुख कहि पठवत तुम बिनु रहौं न नेकु।।
१११ (राग रामकली)

(४)

(गोपियों को कृष्ण आगमन का क्षणिक भ्रम–)
आजु कोउ स्याम की अनुहारि।
आवत उतै उमँग सो सबहीं देखि रूप की पारि।।
इंद्र धनुष की उर बनमाला चितवत चित्त हरे।
मनु हलधर अग्रज मोहन के स्रवननि सब्द परे।।
गइ चलिं निकट न देखे मोहन प्रान किए बलहारि।
सूर सकल गुन सुने स्याम के बिकल भईं ब्रजनारि।।
११२ (राग आसावरी)

(५)

(गोपियाँ उद्धव से–)

आए नंद नंदन के भेव।
गोकुल मांझ जोग बिस्तार्‌यो भली तुम्हारी टेव[१]।।
जब वृंदावन रास रच्यो हरि तबहिं कहाँ तुम हेव[२]।
अब यह ज्ञान सिखावन आए भस्म-अधारी[३] सेव[४]।।
अबलनि को तुम सो ब्रत ठान्यो जो जोगिनि कों जोग।
सूरदास यह सुनत दुसह दुख आतुर बिरह बियोग।।

११३ (राग मलार)

(६)

(गोपियाँ उद्धव से–)

सुनौ गोपी हरि को संदेस।
करि समाधि अंतरगति ध्यावहु, यह उनको उपदेस।।
वै अबिगत अबिनासी पूरन सब घट रहे समाइ।
तत्व ज्ञान बिनु मुक्ति नहीं है बेद पुराननि गाइ।।
सगुन रूप तजि निरगुन ध्यावहु इक चित इक मन लाइ।
बहु उपाइ करि बिरह तरौ तुम मिले ब्रह्म तब आइ।।
दुसह सँदेस सुनत माधौ को गोपीजन बिलखानी।
सूर बिरह की कौन चलाबै बूड़ति[५] मनु बिनुपानी।।

११४ (राग धनाश्री)

---

[१] आदत [२] थे [३] भस्म रमाकर [४] सेवा/उपासन करना [५] डूबती

(७)

(गोपियाँ उद्धव से--)

ऊधौ बेगि मधुबन[१] जाहु।
जोग लेहु सँभारि अपनो बेचिऐ जहँ लाहु।।
हम बिरहिनी नारि हरि बिनु कौन करै निबाहु।
तहीं दीजै मूल[२] पूरै नफौ तुम कछु खाहु।।
जो नहीं ब्रज में बिकानो नगर नारि बिसाहु[३]।
सूर वै सब सुनत लैहैं जिय कहा पछिताहु।।

११५ (राग नट)

(८)

अँखियाँ हरि दरसन की प्यासी।
देख्यो चाहतिं कमलनैन कों निसि दिन रहतिं उदासी।।
आए[४] ऊधौ फिरि गए आँगन डारि गए गर फाँसी।
केसरि तिलक मोतिनि की माला बृंदाबन के बासी।।
काहू के मन की कोउ[५] जानति लोगनि के मन हाँसी।
सूरदास प्रभु तुम्हरे दरस को करबत[६] लैहौं कासी।।

११६ (राग घनाश्री)

---

[१] मथुरा [२] मूलधन [३] खरीद लेंगी [४] श्रीकृष्ण आए [५] कौन [६] आरा नामक दाँतेदार औज़ार; लोग काशी, प्रयाग आदि स्थानों में करवत लेते थे जिनके नीचे प्राण देने से सद्गति की आशा होती थी।

(९)

नैननि नंद नंदन ध्यान।
तहां यह उपदेस दीजै जहां निरगुन ज्ञान।।
पानि पल्लव रेख गनि गुन अवधि बिबिध बिधान।
इते पर इन कटुक बचननि क्यों रहैं तन प्रान।।
चंद कोटि प्रकास मुख अबतंस[१] कोटिक मान[२]।
कोटि मन्मथ बारि छबि पर निरखि दीजत दान।।
भृकुटि कोटि कोदंड[३] रुचि अवलोकनी[४] संधान[५]।
कोटि बारिज बक्र नैन कटाच्छ कोटिक बान।।
मनि कंठ हार उदार उर अतिसय बन्यो निरमान।
संख चक्र गदा धरे कर पद्म सुधा निधान।।
स्याम तनु पट पीत की छबि करै कौन बखान।
मनहु नृत्यत नील घन में तड़ित देती भान।।
रास रसिक गुपाल मिलि मधु अधर करतीं पान।
सूर ऐसे स्याम बिनु को इहाँ रच्छक आन।।

११७ (राग घनाश्री)

---

[१] भूषण, श्रेष्ठ [२] समान [३] धनुष [४] चितवन [५] निशाना साधना।

(१०)

(उद्धव गोपियों से--)

ज्ञान बिना कहुँ वै सुख नाहीं।
घट घट ब्यापक दारु[१] अगिनि ज्यों सदा बसै उर माहीं।।
निरगुन छाँड़ि सगुन को दौरति सुधौं कहौं किहिं पाहीं।
तत्व भजौ जो निकट न छूटै ज्यों तनु तें परछाहीं।।
तिहि तें कहौ कौन सुख पायो जिहिं अब लौं अवगाहीं।
सूरदास ऐसें करि लागी ज्यों कृषि कीन्हे पाही[२]।।
११८ (राग घनाश्री)

(११)

(गोपिकाएँ उद्धव से--)

ऊधौ कही सु फेरि न कहिऐ।
जौ तुम हमें जिबायो चाहत अनबोले ह्वै रहिऐ।।
प्रान हमारे घात होत हैं तुम्हरे भाऐं हाँसी।
या जीवन ते मरन भलौ है लैहैं करबत कासी।।
पूरब प्रीति सँभारि हमारी तुमको कहन पठायो।
हम तौ जरि बरि भस्म भईं तुम आन मसान जगायो।।
कै हरि हमकों आनि मिलावहु कै लै चलिऐ साथैं।
सूर स्याम बिन- प्रान तजति हैं दोष तुम्हारे माथैं।।
११९ (राग सोरठ)

---

[१] लकड़ी [२] खेत की मेंड़ पर (निष्फल कार्य)

(१२)

निरगुन कौन देस को बासी।
मधुकर[१] कहि समुझाइ सौंह दै बूझति साँच न हाँसी।।
को है जनक कौन के जननी कौन नारि को दासी।
कैसो बरन भेष है कैसो किहि रस में अभिलाषी।।
पावैगो पुनि कियो आपुनो जो रे करैगो गाँसी[२]।
सुनत मौन ह्वै रह्यो बावरो सूर सबै मति नासी।।
१२० (राग कान्हरो)

(१३)

ऊधौ मन न भए दसबीस।
एक हुतो सो गयो स्याम सँग को अवराधै ईस।।
इंद्री सिथिल भईं केसव बिनु ज्यों देही बिनु सीस।
आसा लागि रहत तन स्वासा जीवहिं कोटि बरीस।।
तुम तौ सखा स्याम सुंदर के सकल जोग के ईस।
सूर हमारैं नंदनँदन बिनु और नहीं जगदीस।।
१२१ (राग सारंग)

---

[१] भौरा; जिस समय उद्धव और गोपियों के बीच इस प्रकार की बातें हो रही थीं, वहाँ एक भौंरा घूमने लगा था। उसकी देह काली और पीठ पर पीली पट्टी थी। श्रीकृष्ण और उद्धव का वर्ण भी काला है और वे शरीर पर पीताबंर ओढ़े रहते हैं। भँवरे को सम्बोधित करके गोपियाँ कभी उद्धव को सुना कर, कभी श्रीकृष्ण को लक्ष्य करके खट्टी-मीठी, तीखी-कड़वी बातें कहती हैं। [२] तीर या बरछी की नोक

(१४)

मधुकर स्याम हमारे चोर।
मन हरि लियो तनक चितवनि में चपल नैन की कोर।।
पकरे हुते हृदय उर अंतर प्रेम प्रीति के जोर।
गए छँड़ाइ तोरि के बंधन दै गए हँसनि अकोर[१]।।
चौंकि परीं जानत निसि बीती दूत मिल्यो इक भौंर।
सूरदास प्रभु सरबस लूट्यो नागर नवलकिसोर।।
१२२ (राग सारंग)

(१५)

सखी री स्याम सबै इक सार।
मीठे बचन सुहाए बोलत अंतर जारनहार।।
भँवर कुरंग काक अरु कोकिल कपटिन की चटसार[२]।
कमलनैन मधुपुरी सिधारे मिटि गयो मंगलचार।।
सुनहु सखी री दोष न काहू जो बिधि लिख्यो लिलार[३]।
यह करतूति उनहिं की नाहीं पूरब बिबिध बिचार।।
कारी घटा देखि बादर की सोभा देति अपार।
सूरदास सरिता सर पोषत चातक करत पुकार।।
१२३ (राग मलार)

---

[१] हँसी की रिश्वत [२] पाठशाला [३] माथा, भाग्य

(१६)

तौ हम मानैं बात तुम्हारी।
अपनौ ब्रह्म दिखावहु ऊधौ मुकुट पितांबर धारी।।
मनिहैं तब ताकौं सब गोपी सहि रहिहैं बरु गारी।
भूत समान बतावत हमकों डारहु स्याम बिसारी।।
जे मुख सदा सुधा अँचबत हे ते बिष क्यों अधिकारी।
सूरदास प्रभु एक अंग पर रीझि रहीं ब्रजनारी।।
१२४ (राग रामकली)

(१७)

हम तौ दुहूं भाँति फल पायो।
जौ गोपाल मिलैं तो नीके नतरु जगत जस छायो।।
कहँ हम या गोकुल की गोपी बरनहीन घटि जाति।
कहँ वै श्रीकमला के वल्लभ मिलि बैठीं इक पाँति।।
निगम ज्ञान मुनि ध्यान अगोचर ते भए घोष[१] निबासी।
ता ऊपर अब कहौं देखि धौं मुक्ति कौन की दासी।।
जोग कथा ऊधौ पालागौं मति कहौ बारंबार।
सूर स्याम तजि आनि भजै जो ताकी जननी छार[२]।।
१२५ (राग सारंग)

---

[१] अहीरों की बस्ती [२] बाँझ, व्यर्थ

(१८)

ऊधौं हमरी सौं तुम जाहु।
यह गोकुल पूनौ को चंदा तुम ह्वै आए राहु।।
ग्रह के ग्रसे गुसा परगास्यो अब लौं करि निरबाहु।
सब रस ले नंदलाल सिधारे तुम पठए बड़ साहु।।
जोग बेचि कै तंदुल लीजै बीच बसेरे खाहु।
सूरदास जबहीं उठि जैहौ मिटिहै मन को दाहु।।
१२६ (राग सारंग)

(१९)

ऊधौ मौन साधि रहे।
जोग कहि पछितात मन मन बहुरि कुछ न कहे।।
स्याम को यह नहीं बूझें अतिहिं रहे खिसाइ।
कहा मैं कहि कहि लजानो नार[1] रह्यो नबाइ[2]।।
प्रथम ही कहि बचन एकै रह्यो गुरु कर मानि।
सूर प्रभु मोकों पठायो यहै कारन जानि।।
१२७ (राग रामकली)

---

[1] गर्दन [2] झुका कर

(२०)

बिनु गुपाल बैरिनि भईं कुंजैं।
तब वै लता लगतिं तन सीतल अब भइँ बिषम ज्वाल की पुंजैं।।
बृथा बहति जमुना खग बोलत बृथा कमल फूलनि अलि गुंजैं।
पवन पान घनसार[१] सजीवन दधि सुत[२] किरनि भानु भइँ भुंजैं[३]।।
यह ऊधौ कहियो माधौ सों मदन मारि कीन्हीं हम लुंजैं[४]।
सूरदास प्रभु तुम्हरे दरस को मग जोवत अँखियाँ भइँ छुंजैं।।
१२८ (राग सारंग)

(२१)

ऊधौ इतनी कहियौ जाइ।
अति कृस गात भईं ये तुम बिनु परम दुखारी गाइ।।
जल समूह बरषति दोउ अँखियाँ हूँकतिं लीन्हें नाउँ।
जहाँ जहाँ गोदोहन कीन्हों सूंघतिं सोई ठाउँ।।
परति पछार खाइ छिन ही छिन अति आतुर ह्वै दीन।
मानहु सूर काढ़ि डारी हैं बारि मध्य ते मीन।।
१२९ (राग मलार)

---

[१] कपूर [२] मक्खन [३] जलाने वाली [४] अपंग

(२२)

(यशोदा उद्धव से–)

ऊधौ पा लागति हौं कहियौ स्यामहिं इतनी बात।
इतनी दूर बसत क्यों बिसरे अपने जननी तात।।
जा दिन ते मधुपुरी सिधारे स्याम मनोहर गात।
ता दिन ते मेरे नैन पपीहा दरस प्यास अकुलात।।
जहँ खेलन के ठौर तुम्हारे नंद देखि मुरझात।
जौ कबहूँ उठि जात खरिक लौं गाइ दुहावन प्रात।।
दुहत देखि औरनि के लरिका प्रान निकसि नहिं जात।
सूरदास बहुरौ कब देख कोमल कर दधि खात।।

१३० (राग धनाश्री)

(२३)

कहियौ जसुमति की आसीस।
जहाँ रहौ तहँ नंद लाड़िलो जीबौ कोटि बरीस।।
मुरली दई दोहनी घृत भरि ऊधौ धरि लइ सीस।
यह तौ घृत उनही सुरभिन को जे प्यारीं जगदीस।।
ऊधौ चलत सखा मिलि आए ग्वाल बाल दसबीस।
अबकैं यह ब्रज फेरि बसाबहु सूरदास के ईस।।

१३१ (राग नट)

(२४)

(व्रज से लौट कर उद्धव श्रीकृष्ण से--)

सुनिऐ ब्रज की दसा गुसाईं।
रथ की धुजा पीत पट भूषन देखत ही उठि धाईं।।
जो तुम कही जोग की बातैं सो हम सबै बताईं।
स्रवन मूँदि गुन कर्म तुम्हारे प्रेम मगन मन गाईं।।
औरौ कछू सँदेस सखी इक कहत दूरि लौं आई।
हुतो कछू हमहूं सों नातो निपट कहा बिसराई।।
सूर दास प्रभु बन बिनोद करि जे तुम गाइ चराईं।
ते गाईं अब ग्वाल न घेरत मानो भईं पराईं।।
१३२ (राग सारंग)

(२५)

(श्रीकृष्ण उद्धव से--)

ऊधौ मोहिं ब्रज बिसरत नाहीं।
हंस सुता की सुंदर कगरी अरु कुंजनि की छांहीं।।
वै सुरभी वै बच्छ दोहनी खरिक दुहावन जाहीं।
ग्वालबाल मिलि करत कुलाहल नाचत गहि गहि बाहीं।।
यह मथुरा कंचन की नगरी मनि मुक्ता हल जाहीं।
जबहिं सुरति आवति बा सुख की जिय उमगत तन नाहीं।।
अनगन भाँति करी बहु लीला जसुदा नंद निबाहीं।
सूरदास प्रभु रहे मौन ह्वै यह कहि कहि पछिताहीं।।
१३३

७. श्री राम चरित

(१)

(बालक राम–)

करतल सोभित बान धनुहियाँ।
खेलत फिरत कनकमय आंगन पहिरे लाल पनहियाँ[१]।।
दसरथ कौसल्या के आगैं लसत सुमन की छहियाँ[२]।
मानौ चारि[३] हंस सरबर[४] तें बैठे आइ सदेहियाँ[५]।।
रघुकुल कुमुद चंद चिंतामनि प्रगटे भूतल महियाँ।
आए ओप[६] देन रघुकुल कों आनँद निधि सब कहियाँ[७]।।
यह सुख तीन लोक में नाहीं जो पाए प्रभु पहियाँ।
सूरदास हरि बोलि भक्त को निरबाहत गहि बहियाँ[८]।।
१३४ (राग बिलावल)

(२)

(वर-वधू राम जानकी)

कर कंपै कंकन[९] नहिं छूटै।
राम सिया कर परस मगन भए कौतुक निरखि सखी सुख लूटैं।।
गावत नारि गारि[१०] सब दै दै तात[११] भ्रात की कौन चलावै[१२]।
तब कर डोरि छुटै रघुपति जू, जब कौसिल्या माता आवै।।

---

[१] जूतियाँ [२] पुष्पवृक्ष की छाँह में [३] चारों भाई हंसों की तरह [४] मानसरोवर [५] सशरीर [६] शोभा [७] के लिए [८] बाँह पकड़ कर [९] कंगन [१०] गाली [११] पिता [१२] क्या बिसात है

पूंगी[1] फल जुत जल निरमल धरि, आनि भरि कुंडी[2] जो कनक की।
खेलत जूप[3] सकल जुबतिन मैं, हारे रघुपति जिती जनक की[4]।।
धरे निसान अजिर गृह मंगल, बिप्र बेद अभिषेक करायो।
सूर अमित आनंद जनकपुर, सोइ सुकदेव पुराननि गायो।।

१३५ (राग आसावरी)

(३)

(केवट श्रीराम से--)

नौका हौं नाहीं लै आऊँ।
प्रगट प्रताप चरन कौ देखौं, ताहि कहाँ पुनि पाऊँ।।
कृपासिंधु पै केवट आयौ, कँपत करत सो बात।
चरन परसि पाषान उड़त है[5], कत बेरी उड़ि जात।।
जो यह बधू होइ काहू की, दारु-स्वरूप धरें।[6]
छूटै देह, जाइ सरिता तजि, पग सों परस करें।।
मेरी सकल जीविका यामैं, रघुपति मुक्त न कीजै।
सूरजदास चढ़ौ प्रभु पाछैं, रेनु पखारन दीजै।।

१३६ (राग कान्हारौ)

---

[1] सुपारी [2] जलपात्र, [3] जुआ (वर-वधू के बीच खेला जाने वाला) [4] जनक की बेटी [5,6] इन पंक्तियों में श्रीराम की चरणधूलि के स्पर्श से पत्थर हुई अहल्या के उद्धार की बात कहते हुए केवट कह रहा है कि यदि श्रीराम की चरणधूलि से उसकी नौका स्त्री बन कर उड़ गई तो वह अपनी रोज़ी रोटी कैसे चलाएगा। अतः श्रीराम उसे चरण धोने दें।

(४)

(वन के पथ पर खड़ी ग्रामीण स्त्रियाँ सीता जी से पूछती हैं--)

सखी री कौन तुम्हारे जात[१]।
राजिवनैन धनुष कर लीन्हे बदन मनोहर गात।।
लज्जित होहिं पुरबधू पूछैं अंग अंग मुसकात।
अति मृदु चरन पंथ बन बिहरत सुनियत अदभुत बात।।
सुंदर तन सुकुमार दोउ जन सूर-किरिन[२] कुम्हलात।
देखि मनोहर तीनौं मूरति त्रिबिध ताप तन जात।।
१३७ (राग रामकली)

(५)

(चित्रकूट में भरत-राम संवाद)

तुमहि बिमुख रघुनाथ, कौन बिधि जीवन कहा बनै।
चरन सरोज बिना अवलोके, को सुख धरनि गनै।।
हठ करि रहे चरन नाहिं छांड़े, नाथ तजौ निठुराई।।
परम दुखी कौसल्या जननी, चलौ सदन रघुराई।।
चौदह बरष तात की आज्ञा मो पै मेटि न जाई।
'सूर' स्वामि की पाँवरि सिर धरि, भरत चले बिलखाई।।
१३८ (राग केदारौ)

---

[१] (दोनों) कुँवर [२] सूर्य-किरण

(६)

(शबरी के आश्रम में–)

सबरी-आस्रम रघुबर आए। अरघासन[१] दै प्रभु बैठाए॥
खाटे फल तजि मीठे ल्याई। जूंठे भए सो सहज सुहाई॥
अंतरजामी अति हित मानि। भोजन कीने स्वाद बखानि॥
जाति न काहू की प्रभु जानत। भक्ति-भाव हरि जुग-जुग मानत॥
करि दंडवत भई बलिहारी। पुनि तन तजि हरिलोक सिधारी॥
सूरज प्रभु अति करुना भई। निज कर करि तिल-अंजलि[२] दई॥

१३९ (राग केदारौ)

(७)

(अशोक वाटिका में जनकनंदिनी–)

मैं तो राम चरन चित दीन्हौ।
मनसा बाचा और कर्मना, बहुरि मिलन को आगम[३] कीन्हौ॥
डुलै सुमेरु, सेष-सिर कंपै, पच्छिम उदै करै बासरपति[४]।
सुनि त्रिजटा, तौ हूँ नहिं छांड़ौं मधुर मूर्ति रघुनाथ-गात रति॥
सीता करति बिचार मनहिं मन आजु काल्हि कोसलपति आवैं।
सूरदास स्वामी करुनामय, सो कृपाल मोहिं क्यों बिसरावैं॥

१४० (राग सारंग)

---

[१] अर्घ्य और आसन [२] तिलांजलि [३] आशा [४] सूर्य

(८)

(मन्दोदरी रावण से--)

आजु रघुबीर कौ दूत आयो।
जारि लंका सकल, मारि राच्छस बहुत, सीय सुधि लै कुसल फिर सिधायो।।
कहत मंदोदरी सुनहु दसकंध पिय, बड़ौ अपमान करि गयौ तेरो।
अजहुँ मन समझिकै मूढ़ मिलि राम सौं, सूर मतिमंद कह्यौ मानमेरो।।
१४१ (राग जैतश्री)

(९)

(सीता जी हनुमान् से--)

मेरी कैंती बिनती करनी।
पहिलें करि प्रनाम पाइनि परि मनि रघुनाथ हाथ लै धरनी।।
मंदाकिनि तट फटक सिला पर मुख मुख जोरि तिलक की करनी।
कहा कहौं कछु कहत न आवै सुमिरत प्रीति होइ उर अरनी[१]।।
तुम हनुमंत पवित्र पवनसुत कहियौ जाइ जोइ मैं बरनी।
सूरदास प्रभु आनि मिलावहु मूरति दुःसह दुख भय हरनी।।
१४२ (राग सारंग)

---

[१] संताप, जलन

(१०)

(हनुमान् जी श्रीराम से--)

हौं प्रभु जू को आयसु पाऊँ।
अबहीं जाइ उपारि लंक गढ़ उदधि पार लै आऊँ।।
अबहीं जंबू द्वीप इहां तें लै लंका पहुंचाऊँ।
सोखि समुद्र उतारौं कपि दल छिनक बिलंब न लाऊँ।।
जब आवैं रघुबीर जीति दल तौ हनुमंत कहाऊँ।
सूरदास प्रभु पुरी अजोध्या राघव सुबस बसाऊँ।।

१४३ (राग मारू)

(११)

(सिन्धु-तट पर--)

सिंधु तट उतरे राम उदार।
रोष विषम कीन्हो रघुनंदन सिय की बिपति बिचार।।
सागर पर गिरि[1] गिरि पर अंबर कपि घन कै आकार[2]।
गरज किलक आघात उठत मनु दामिनि पावक झार।।[3]
परत फिराइ पयोनिधि भीतर सरिता उलटि बहाई।[4]

---

[1] समुद्र पर पुलबांधने के लिए जो पत्थर डाले गए थे, वही पर्वत (गिरि) के समान हैं [2] उन पर्वतों पर जाते हुए वानर बादलों के समान हैं [3] वानरों के गरजने और किलकारी मारने से उठने वाली प्रतिध्वनि वर्षा की झड़ी के बीच चमकती बिजली के समान है [4] (लंका को जाता वानरों का दल), मानो समुद्र में गिर रही नदियों को लौटाकर दूसरी दिशा में प्रवाहित कर दिया हो

मनु रघुपति भयभीत सिंधु पत्नी प्यौसार[१] पठाई।।
बाला बिरह दुसह सबहीं कों जान्यो राजकुमार।
बान बृष्टि स्रोनित[२] करि सरिता ब्याहत लगी न बार।।
सुबरन लंक कलस आभूषन मनि मुक्तागन हार।
सेतु बंध करि तिलक सूर प्रभु रघुपति उतरे पार।।
१४४ (राग घनाश्री)

(१२)

(कौशल्या जी की प्रतीक्षा—)

बैठी जननि करति सगुनौती।
लछिमन राम मिलैं अब मोकों दोउ अमोलक मोती।।
इतनी कहत सुहाग उहां ते हरी डार उठि बैठ्यो।
अंचल गांठ दई[३] दुख भाज्यो सुख जु आनि उर पैठ्यो।।
जब लौं ही जीबौं जीबन भर सदा नाम तब जपिहौं
दधि ओदन दोना भर दैहौं अरु भाइनि मैं थपिहौं[४]।।
अब कै जौ परचौ[५] करि पाबौं अरु देखौं भरि आंखि।
सूरदास सोने के पानी भरौं चोंच अरु पांखि।।
१४५ (राग सारंग)

---

[१] मायके [२] रक्त [३] अंचल में गांठ बांधना अर्थात् प्रार्थना करना कि यह शकुन सत्य हो [४] मानूंगी
[५] शकुन सत्य हो जाए

(१३)

(सुग्रीव, विभीषण आदि को अयोध्या के बारे में बताते हुए श्रीराम--)

हमारी जन्म भूमि यह गाउँ।
सुनहु सखा सुग्रीव बिभीषन अवनि अजोध्या नाउँ।।
देखत बन उपबन सरिता सर परम मनोहर ठाँउ।
अपनी प्रकृति लिए बोलत हौं सुरपुर मैं न रहाउँ।।
ह्यां के बासी अवलोकत हौं आनंद उर न समाउँ।
सूरदास जो बिधि न संकोचै तौ बैकुंठ न जाउँ।।
१४६ (राग मारू)

(१४)

अति सुख कौसिल्या उठि धाई।
उदित बदन मन मुदित सदन तें आरति साजि सुमित्रा ल्याई।।
जनु सुरभी बन बसति बच्छ बिनु परबस पसुपति[१] की बहराई[२]।
चली सांझ समुहाइ[३] स्त्रवन धन उमँगि मिलन जननि दोउ आईं।।
दधि फल दूब काक कोपर[४] भरि साजत सौंज[५] बिचित्र बनाई।
अमी बचन सुनि होत कुलाहल देबन दिबि दुंदुभी बजाई।।
बरन बरन पट परत पांवड़े[६] बीथिन सकल सुगंध सिचाँईं।
पुलकित रोम हरष गदगद स्वर जुबतिन मंगल गाथा गाईं।।
निज मंदिर में आनि तिलक दै द्विज गन मुदित असीस सुनाई।
सिया सहित सुख बसौ इहाँ तुम सूरदास नित उठि बलि जाई।।
१४७ (राग मारू)

---

[१] पशुपालक [२] चराने के लिए बाहर ले जाए जाने पर [३] उत्साहपूर्वक [४] परात, कुंडेदार बड़ा थाल
[५] सामग्री [६] सत्कार करने के लिए मार्ग में बिछाए जाने वाले वस्त्र

(१५)

(महाराजा रामचंद्रजी से निवेदन–)

बिनती किहि बिधि प्रभुहिं सुनाऊँ।
महाराज रघुबीर धीर को समय न कबहूँ पाऊँ॥
जाम रहत जामिनि के बीतें तिहिं औसर उठि धाऊँ।
सकुच होत सुकुमार नींद में कैसे प्रभुहि जगाऊँ॥
दिनकर किरनि उदित ब्रह्मादिक रुद्रादिक इक ठाऊँ।
अगनित भीर अमर मुनिगन की तिहि ते ठौर न पाऊँ॥
उठत सभा दिन मधि[१] सेनापति भीर देखि फिरि आऊँ।
न्हात खात सुख करत साहिबी कैसे करि अनखाऊँ[२]॥
रजनी-मुख[३] आवत गुन गावत नारद तुंबरु[४] नाऊँ।
तुमहीं कहौ कृपानिधि रघुपति किहिं गिनती में आऊँ॥
एक उपाउ करौ कमलापति कहौ तौ कहि समुझाऊँ।
पतित उधारन नाम सूर प्रभु यह रुक्का[५] पहुंचाऊँ॥

१४८

❖

[१] मध्य [२] गुस्सा करूं [३] संध्या [४] एक गंधर्व और संगीत विद्या में निपुण विष्णु के प्रिय पार्षद का नाम, [५] अर्ज़ी, संदेश

८. गुरुकृपा

(१)

अपुनपौ[१] आपुन ही में पायो।
सब्दहि सब्द भयो उजियारो सतगुरु भेद बतायो॥
ज्यों कुरंग नाभी कस्तूरी ढूंढत फिरत भुलायो।
फिरि चितयो जब चेतन ह्वै करि अपनें ही तन छायो॥
राज कुमारि कंठमनि भूषन भ्रम भयो कहूं गँवायो।
दियो बताइ और सखियनि तब तनु को ताप नसायो॥
सपने माहिं नारि को भ्रम भयो बालक कहूँ हिरायो[२]।
जागि लख्यो ज्यों को त्यों ही है ना कहुँ गयो न आयो॥
सूरदास समुझे की यह गति मनही मन मुसकायो।
कहि न जाय या सुख की महिमा ज्यों गूंगें गुर खायो॥
१४९ (राग बिलावल)

(२)

गुरु बिनु ऐसी कौन करै।
माला तिलक मनोहर बाना लै सिर छत्र धरै॥
भवसागर तें बूड़त राखै दीपक हाथ धरै।
सूर स्याम गुरु समरथ ऐसो छिन में लै उधरै॥
१५० (राग सारंग)

---

[१] अपना स्वरूप [२] खो गया

.....और अंत में यह आरती.....

हरि जू की आरती बनी।
अति बिचित्र रचना रचि राखी परति न गिरा गनी॥
कच्छप अध आसन अनूप अति डांड़ी सहस फनी।
मही सराव सप्त सागर घृत बाती सैल धनी॥
रबि ससि ज्योति जगत परिपूरन हरति तिमिर रजनी।
उड़त फूल उड़गन नभ अंतर अंजन घटा घनी॥
नारदादि सनकादि प्रजापति सुर नर असुर अनी।
काल कर्म गुन ओर अंत नहिं प्रभु इच्छा रचनी॥
यह प्रताप दीपक सु निरंतर लोक सकल भजनी।
सूरदास सब प्रगट ध्यान में अति बिचित्र सजनी॥
(१५१)